Mittelflussrechnung
Geldflussrechnung

Urs Prochinig

Mittelflussrechnung

Geldflussrechnung

VERLAG:SKV

Dr. Urs Prochinig

Urs Prochinig schloss sein Studium an der Universität Zürich mit dem Doktorat ab. Er verfügt über Abschlüsse als MBA (Master of Business Administration) und MASSHE (Master of Advanced Studies in Secondary and Higher Education). Nebst seiner wissenschaftlichen Tätigkeit arbeitet er als Unternehmensberater und als Dozent in der Erwachsenenbildung. Er ist Mitglied verschiedener eidg. Prüfungsgremien.

7. Auflage 2007

ISBN 978-3-286-31987-5

Gestaltung: Peter Heim
Umschlag: Brandl & Schärer AG
Umschlagbild: Intellekt und Intuition, von Benno Schulthess, Widen

Vorwort

Dieses Lehrbuch zeigt, wie **Geldflussrechnungen für den Geschäftsbericht und als Planungsrechnung** erstellt und interpretiert werden.

Es setzt Grundkenntnisse im Rechnungswesen voraus und richtet sich an:

- ▷ Studierende an Universitäten und Fachhochschulen.
- ▷ Kandidatinnen und Kandidaten von höheren eidgenössischen Prüfungen wie Wirtschaftsprüfer, Experten in Rechnungslegung und Controlling, Fachleute im Finanz- und Rechnungswesen, Treuhänder und Treuhandexperten oder Steuerexperten.
- ▷ Praktikerinnen und Praktiker aus Wirtschaft und Verwaltung.

Das Lehrmittel ist wie folgt aufgebaut:

- ▷ Der **Theorieteil** vermittelt das Grundwissen auf anschauliche, übersichtliche Weise.
- ▷ Der **Aufgabenteil** enthält vielfältige und abwechslungsreiche Übungen zur Vertiefung des Stoffs anhand von Beispielen.
- ▷ Der separate **Lösungsband** dient der Lernkontrolle (Feedback) und macht dieses Lehrmittel auch für das Selbststudium attraktiv.
- ▷ Lehrpersonen können unter **verlagskv.ch/downloads** gratis leere **Folienvorlagen** für die Aufgaben herunterladen.

  Ebenfalls als Download verfügbar ist eine Korrigenda mit Hinweisen auf Änderungen in den Rechnungslegungsstandards Swiss GAAP FER oder IFRS sowie auf Druckfehler.

Ich danke allen herzlich, die bei der Entwicklung dieses Lehrmittels mitgeholfen haben. Ein besonderer Dank gebührt Theres Schwaiger für das umsichtige Lektorat. Aufbauende Kritik nehme ich sehr gerne entgegen.

Viel Spass und Erfolg beim Lernen und Lehren!

Rafz, Januar 2007 Urs Prochinig

Vorwort zur 7. Auflage

Die 7. Auflage wurde nicht zuletzt wegen zahlreicher Änderungen bei den Swiss GAAP FER per 1. Januar 2007 vollständig überarbeitet. Sie kann im Unterricht *nicht* zusammen mit der 6. Auflage eingesetzt werden.

Die wichtigsten Änderungen sind:

▷ Die **Geldflussrechnung** wurde auf die Kapitel 2 (Grundlagen) und 3 (Vertiefung) verteilt. In Kapitel 2 wurden viele bisherigen Aufgaben übernommen; in Kapitel 3 sind die Theorie und fast alle Aufgaben neu.

▷ Die **Finanzplanung** bildet neu Kapitel 4. Viele bisherige Aufgaben wurden übernommen; einige Aufgaben sind neu dazugekommen.

▷ Die **Cashflow-Analyse** ist neu Kapitel 5. Sie wurde stark gekürzt, da sie ausführlich im Lehrbuch von Leimgruber/Prochinig: Bilanz- und Erfolgsanalyse, Kapitel 5, behandelt wird.

▷ Die Mittelflussrechnung zum **Nettoumlaufvermögen** wird in Kapitel 6 nur noch kurz besprochen, weil ihre Bedeutung in der Praxis stark abgenommen hat. Ab dem Rechnungsjahr 2007 ist sie auch nach Swiss GAAP FER nicht mehr erlaubt.

▷ Die bisherigen Kapitel 6 und 7 über die **Mittelflussrechnungen zu anderen Fondstypen** bzw. die Bewegungsrechnungen wurden gestrichen, weil sie heute praktisch bedeutungslos sind.

▷ Das Kapitel 7 mit den **Aufgaben zur Repetition und Vertiefung** wurde stark erweitert; zahlreiche Aufgaben sind neu. Hinzugefügt wurden ausserdem Theoriefragen zur Vorbereitung auf mündliche Prüfungen.

Rafz, Januar 2007 Urs Prochinig

Inhaltsverzeichnis

Theorie

1

Einleitung

Bilanz = 1. Jahresrechnung

Die Bilanz ist die älteste Jahresrechnung. In ihr werden die Aktiven (Vermögen) und die Passiven (Schulden und Reinvermögen) einander wie zwei Waagschalen (ital. bilancia = Waage) gegenübergestellt.

Die Bilanz ist eine Momentaufnahme, die mit einer Fotografie vergleichbar ist. Sie zeigt nicht Abläufe und Prozesse in einem Zeitraum, sondern Bestände zu einem Zeitpunkt und wird deshalb Bestandesrechnung oder statische Rechnung genannt.

In der Buchhaltung ergibt sich die Bilanz nach den Regeln der Doppik in Kontoform; in Geschäftsberichten wird die Präsentation der Bilanz in Berichtsform (Staffelform) bevorzugt.

Bilanz

Aktiven (Vermögen)	Fremdkapital (Schulden)
	Saldo = Eigenkapital (Reinvermögen)

Bilanz

	Aktiven (Vermögen)
./.	Fremdkapital (Schulden)
=	**Eigenkapital (Reinvermögen)**

Aus beiden Darstellungen geht hervor, dass das Eigenkapital in der Bilanz die Saldogrösse darstellt: Es zeigt den Überschuss des Vermögens über die Schulden.

Die Vertreter der **statischen Bilanztheorie** betrachten die Bilanz als den wichtigsten Teil des Rechnungswesens und sehen den Hauptzweck der Buchhaltung in der Ermittlung des Reinvermögens sowie der Rechenschaftsablage gegenüber den Kapitalgebern über die Verwendung des Kapitals und seine Deckung durch das Vermögen. Diese Auffassung prägte die obligationenrechtlichen Bewertungsvorschriften, denen letztlich die Idee zugrunde liegt, dass der Gläubigerschutz und die Erhaltung des Unternehmens durch eine fundierte Vermögenslage besser gesichert erscheinen als durch die Ertragskraft des Unternehmens.

Erfolgsrechnung = 2. Jahresrechnung

Schon dem sagenhaft reichen Perserkönig Krösus mag beim jährlichen Zählen seines immensen Vermögens die Frage aufgetaucht sein, welches wohl die Ursachen für die Vermögensvermehrungen von einem Jahresende zum nächsten gewesen sein könnten, und seine Höflinge werden ihm als mögliche Antworten erfolgreiche Feldzüge, Edelsteinfunde oder Rekordernten genannt haben. Und damit war die Erfolgsrechnung erfunden.

Allerdings dauerte es noch etwa 2000 Jahre, bis der Franziskanermönch Luca Pacioli 1494 diese Form der (doppelten) Buchführung zum ersten Mal zusammenfassend beschrieb.

Die Erfolgsrechnung gibt als zeitraumbezogene Rechnung Auskunft über die durch die Geschäftstätigkeit verursachten Erhöhungen und Verminderungen des Eigenkapitals in einer Periode.① Der Erfolg ist der Saldo der Erfolgsrechnung und bedeutet Gewinn oder Verlust, je nachdem, ob die Erträge oder die Aufwände grösser sind.

Erfolgsrechnung

Aufwand (= Abnahmen des Eigenkapitals)	Ertrag (= Zunahmen des Eigenkapitals)
Saldo = Gewinn	

Erfolgsrechnung

	Ertrag
./.	Aufwand
=	Erfolg (Gewinn oder Verlust)

Durch den industriellen Aufschwung im ausgehenden 19. Jahrhundert stiegen auch die Ansprüche des Managements an das Rechnungswesen, sodass die Erfolgsrechnung als (nach der Bilanz) zweite Jahresrechnung bald eine grosse Verbreitung erreichte.

Besondere Verdienste erwarb dabei Eugen Schmalenbach (Leipzig 1919) durch seine Ausführungen zur **dynamischen Bilanzauffassung.** Er vertrat die Ansicht, dass nicht der Bilanz, sondern der Gewinn- und Verlustrechnung (das ist die in Deutschland gebräuchliche Bezeichnung für die Erfolgsrechnung) in der Abschlussrechnung der Vorrang gebühre und die Bilanz nur den Wurmfortsatz der Erfolgsrechnung darstelle.

① In der Erfolgsrechnung unberücksichtigt bleiben die Zu- und Abnahmen des Eigenkapitals, welche durch den Verkehr mit den Eigentümern des Unternehmens entstehen, zum Beispiel Kapitalerhöhungen und -rückzüge sowie Gewinnausschüttungen.

Geldflussrechnung = 3. Jahresrechnung

In den letzten Jahrzehnten wurde die Wirtschaft immer komplexer: Wachsende Betriebsgrössen, zunehmende nationale und internationale Verflechtungen, erhöhter Konkurrenzdruck, steigende Steuer- und Soziallasten, rasante technologische Entwicklungen, vermehrte ökologische Probleme, stagnierende Umsätze, verminderte Gewinnmargen sowie weltweit nachlassende wirtschaftliche Stabilität gestalten die Führungsaufgaben für die Manager immer anspruchsvoller.

Deshalb gewannen die Instrumente der finanziellen Unternehmensführung laufend an Bedeutung. Zu den wichtigen Neuerungen gehört die Geldflussrechnung.

Die Geldflussrechnung zeigt als zeitraumbezogene Rechnung die Ursachen für die Zunahmen und Abnahmen der Geldbestände (flüssige Mittel) in einer Periode. Als Saldo ergibt sich die Veränderung der flüssigen Mittel der Berichtsperiode (im kontenmässig dargestellten Beispiel handelt es sich um eine Zunahme).

Geldflussrechnung

Einnahmen (= Zuflüsse von flüssigen Mitteln)	Ausgaben (= Abflüsse von flüssigen Mitteln)
	Saldo = Zunahme der flüssigen Mittel

Geldflussrechnung

	Einnahmen
./.	Ausgaben
=	Veränderung der flüssigen Mittel

Die Geldflussrechnung wird in der Schweiz auch **Mittelflussrechnung** genannt, weil sie die Veränderungen bestimmter Mittelgesamtheiten – in der Regel die flüssigen Mittel – aufzeigt.①

Die Deutschen verwenden für die Geldflussrechnung den Begriff **Kapitalflussrechnung,** der früher in der Schweiz auch gebräuchlich war, heute aber als nicht mehr zweckmässig betrachtet wird, weil der Begriff *Kapital* in der Wirtschaft sehr unterschiedlich verwendet wird und das Wesen der Geldflussrechnung – nämlich die Darstellung der Geldflüsse – überhaupt nicht wiedergibt.

① Mittelgesamtheiten werden auch als **Fonds** bezeichnet (von Amerikanisch *funds* = Geldmittel; bzw. Lateinisch *fundus* = für bestimmte Zwecke gebildete Vermögensreserve):

- ▷ Unter dem Fonds *flüssige Mittel* versteht man alle Bestände an Geld sowie an geldähnlichen Vermögenswerten. **Die Mittelflussrechnung zum Fonds *flüssige Mittel* wird Geldflussrechnung genannt.** Sie steht im Zentrum dieses Lehrbuchs.
- ▷ Der Fonds *Nettoumlaufvermögen* umfasst das Umlaufvermögen abzüglich das kurzfristige Fremdkapital. Die Mittelflussrechnung zum Fonds *Nettoumlaufvermögen* wird in Kapitel 6 kurz erklärt.

Die ersten theoretischen Darstellungen über Mittelflussrechnungen wurden zwar schon um 1910 in den USA publiziert; praktische Bedeutung erlangten solche Rechnungen erst nach dem Zweiten Weltkrieg, zuerst in den USA und später in Europa. In der Schweiz erfolgte die erste **Veröffentlichung eines Ausweises für zusätzliche Finanzierung und Investierung** im Jahresbericht der Landis & Gyr AG von 1957, später fasste Karl Käfer (Zürich 1967) die Grundlagen in seinem Werk **Kapitalflussrechnungen** erstmals zusammen.

Die Notwendigkeit von Mittelflussrechnungen ergibt sich hauptsächlich aus dem Umstand, dass Bilanz und Erfolgsrechnung zwei wichtige Informationsbedürfnisse der Geschäftsleitung und der Investoren (Aktionäre) nicht abdecken:

▷ Eigentliche Flussgrössen, die Auskunft über die Veränderungen der Kapital- und Vermögensstruktur der Unternehmung geben können, fehlen.

▷ Die statische Liquiditätsanalyse aufgrund der Bilanz① liefert ungenügende Informationen über die Entwicklung der Zahlungsbereitschaft, vor allem weil die Zahlen zeitpunktbezogen sind, keine Angaben über die Ursachen enthalten und die Erfolgsrechnung ausser Acht lassen.

Die Geldflussrechnung schliesst als dritte Jahresrechnung die Informationslücken von Bilanz und Erfolgsrechnung, indem sie Aufschluss gibt über

▷ die Liquiditätsentwicklung

▷ die Investierungsvorgänge sowie

▷ die Finanzierungsmassnahmen

innerhalb vergangener oder künftiger Geschäftsperioden.

① Die statische Liquiditätsanalyse basiert auf folgenden Kennzahlen:

Liquiditätsgrad 1	$\frac{\text{Flüssige Mittel}}{\text{Kurzfristiges Fremdkapital}}$
Liquiditätsgrad 2	$\frac{\text{Flüssige Mittel + Forderungen}}{\text{Kurzfristiges Fremdkapital}}$
Liquiditätsgrad 3	$\frac{\text{Umlaufvermögen}}{\text{Kurzfristiges Fremdkapital}}$

Eine ausführliche Besprechung dieser Kennzahlen finden Sie bei: Leimgruber/Prochinig: Bilanz- und Erfolgsanalyse, Kapitel 3.

2

Geldflussrechnung: Grundlagen

Die drei Gesamtrechnungen der Finanzbuchhaltung im Überblick

Form und Inhalt des Rechnungswesens sind auf das Zielsystem einer Unternehmung auszurichten:

Unternehmensziele

Leistungsziele	Finanzielle Ziele	Soziale Ziele
Das sind Ziele bezüglich der Leistungserstellung und des Absatzes.	Das sind Ziele zur Vermögens-, Finanz- und Ertragslage.	Diese Ziele beziehen sich auf die eigenen Mitarbeiter, die Gesellschaft oder die Umwelt.
Beispiele: ▷ Eine Schule setzt sich zum Ziel, dass 90% ihrer Lernenden die Prüfung bestehen. ▷ Ein Chip-Hersteller will bis Ende Jahr einen Prozessor mit einer bestimmten Taktfrequenz auf den Markt bringen.	Beispiele: ▷ Im langjährigen Schnitt soll eine Rendite des Eigenkapitals von 12% erwirtschaftet werden. ▷ Aus Sicherheitsgründen soll die Eigenfinanzierungsquote mindestens 50% betragen.	Beispiele: ▷ Ein Betrieb fördert die Weiterbildung seiner Mitarbeitenden. ▷ Ein Modehaus kauft keine durch Kinderarbeit produzierten Kleider. ▷ Ein Metallbaubetrieb will die Umweltemissionen minimieren.

In diesem Lehrbuch stehen die beiden wichtigsten finanzwirtschaftlichen Ziele im Vordergrund:

- ▷ Hauptziel ist für die meisten Unternehmen die **Gewinnerzielung:** Längerfristig überlebt eine Unternehmung nur, wenn sie ihren Aufwand decken kann und Gewinn erzielt, um das eingesetzte Eigenkapital angemessen zu verzinsen (Eigenkapitalrendite).①
- ▷ Das wichtigste Nebenziel ist die Sicherung der jederzeitigen **Zahlungsbereitschaft** (Liquidität). Zahlungsunfähigkeit ist die weitaus häufigste Ursache für den Konkurs eines Unternehmens.

① Eine wichtige Ausnahme bilden die Non Profit Organizations (nicht-gewinnstrebige Unternehmen), bei denen nicht die Gewinnerzielung, sondern die Bedürfnisbefriedigung im Vordergrund steht, zum Beispiel staatliche Verkehrsbetriebe, Freizeitvereine, Kirchen, Hilfswerke. Allerdings müssen auch hier die Aufwände durch Erträge gedeckt sein.

Die Bilanz als statische Rechnung gibt nur teilweise Aufschluss über die Zielerreichung, indem sie als Tatsachenrechnung zwar den aktuellen Bestand der flüssigen Mittel und den per Ende Jahr erreichten Gewinn als Zuwachs des Eigenkapitals zeigt, sich aber über die Ursachen für das Entstehen dieser Grössen ausschweigt.

Bilanz

Flüssige Mittel	Fremdkapital
Übrige Aktiven	Eigenkapital Anfang Jahr
	Gewinn

Um diese **Ursachen** aufzuzeigen, sind im Rechnungswesen nebst der Bilanz als statischer (zeitpunktbezogener) Rechnung zwei verschiedene dynamische (zeitraumbezogene) Rechnungen notwendig, nämlich die Geldflussrechnung und die Erfolgsrechnung:

Dynamische Ursachenrechnungen

Geldflussrechnung

Die Geldflussrechnung ist eine Gegenüberstellung von **Einnahmen** (Zunahmen an flüssigen Mitteln) und **Ausgaben** (Abnahmen an flüssigen Mitteln) in einer Periode.

Die Geldflussrechnung ist eine Ursachenrechnung; sie zeigt, *weshalb* eine bestimmte Liquiditätssituation entsteht.

Erfolgsrechnung

Die Erfolgsrechnung ist eine Gegenüberstellung von **Aufwand** (Abnahmen des Eigenkapitals) und **Ertrag** (Zunahmen des Eigenkapitals) in einer Periode.①

Die Erfolgsrechnung ist eine Ursachenrechnung; sie zeigt, *weshalb* das Eigenkapital zu- oder abnimmt.

Aus diesen Überlegungen ergeben sich in der Finanzbuchhaltung die drei auf der nächsten Seite abgebildeten Gesamtrechnungen.

① In der Erfolgsrechnung unberücksichtigt bleiben die Zu- und Abnahmen des Eigenkapitals, welche durch den Verkehr mit den Eigentümern des Unternehmens entstehen, zum Beispiel Kapitalerhöhungen und -rückzüge sowie Gewinnausschüttungen.

Diese Darstellung zeigt schematisch den Zusammenhang zwischen den drei Rechnungen:

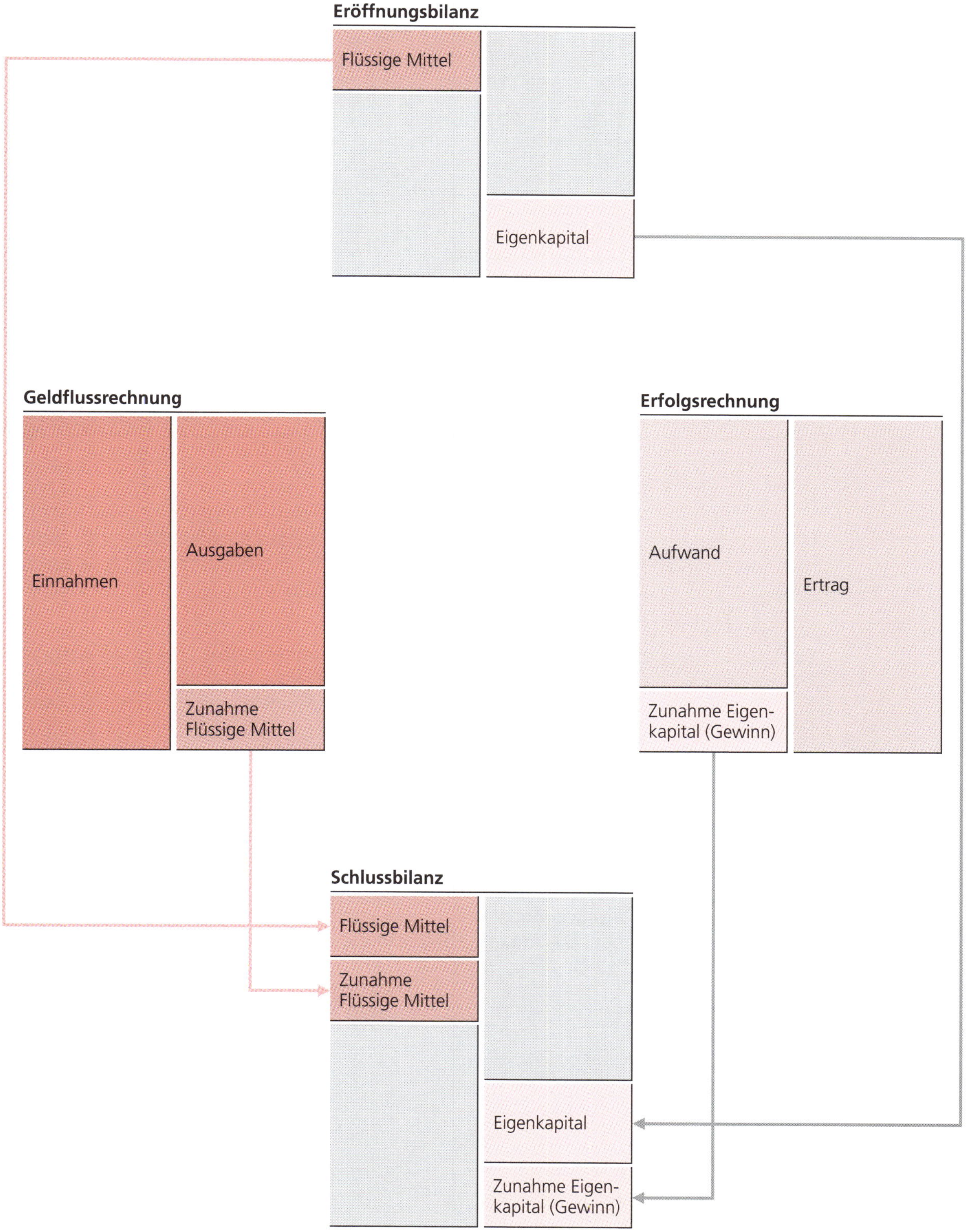

Flüssige Mittel

Der Begriff **Geldflussrechnung** (engl. Cash flow statement) rührt daher, dass diese Rechnung die Geldzuflüsse und Geldabflüsse einer Periode zeigt.

Dabei wird der **Geldbegriff** weit gefasst: Er schliesst nicht nur das Bargeld in der Kasse und die sofort verfügbaren Gelder auf Bank- und Postkonten ein, sondern auch andere hochliquide Geldanlagen, die nur einem geringen Wertschwankungsrisiko unterliegen und kurzfristig in Geld umgewandelt werden können.

Am einfachsten lässt sich dieser erweiterte Geldbegriff durch *flüssige Mittel* wiedergeben (engl. Cash and cash equivalents):

Flüssige Mittel		Cash and cash equivalents
Geld	Diese Zahlungsmittel umfassen das Bargeld in der Kasse sowie die Sichtguthaben bei Finanzinstituten.	Cash
+ **Geldnahe Mittel**	Geldnahe Mittel (Zahlungsmitteläquivalente) sind rasch liquidierbare Geldanlagen mit geringem Wertschwankungsrisiko bis maximal 90 Tage Restlaufzeit (bei Erwerb) wie Festgelder oder Geldmarktforderungen.	Cash equivalents
= **Flüssige Mittel**	Zahlungsmittel und Zahlungsmitteläquivalente	Cash and cash equivalents

Nicht zu den flüssigen Mitteln gezählt werden grundsätzlich:

▷ Wertschriften in Form von Aktien, weil sie zu grossen Wertschwankungen unterliegen.
  Wertschriften in Form von Obligationen sind nur dann zu den flüssigen Mitteln zu rechnen, wenn sie schon bei Erwerb eine Restlaufzeit von 90 Tagen oder kürzer aufweisen.

▷ Bankguthaben, deren Verwendung eingeschränkt ist (engl. Restricted cash).

▷ Kurz- und langfristige Bankschulden.
  Eine Ausnahme sind Bankkonten mit wechselndem Kreditverhältnis, die einen integralen Bestandteil des Cash-Managements bilden: Kurzfristige Bankhabensalden (engl. Bank overdrafts) können in einem solchen Fall in den Fonds einbezogen werden, was formell den Fondstypus **netto-flüssige Mittel** ergibt:

Netto-flüssige Mittel

	Flüssige Mittel
./.	Bankverbindlichkeiten auf Sicht (Kontokorrente)
=	Netto-flüssige Mittel

Die Zusammensetzung des verwendeten Fonds (flüssige Mittel oder netto-flüssige Mittel) ist im Anhang offenzulegen. Die Anfangs- und Schlussbestände des Fonds müssen mit den Bilanzpositionen übereinstimmen.

Die Gliederung von Geldflussrechnungen

Die Geldflüsse werden in der Geldflussrechnung in drei Ursachengruppen (Bereiche) gegliedert:

▷ **Betriebsbereich: Geldflüsse aus Betriebstätigkeit (operativer Cashflow)**①
Cash flows from operating activities

Das sind die Einnahmen und Ausgaben aus der Geschäftstätigkeit (Erstellung und Veräusserung der Leistung). Basis für die Berechnung bildet grundsätzlich die Erfolgsrechnung.	Beispiele von Einnahmen ▷ Einzahlungen von Kunden für verkaufte Lieferungen und Leistungen ▷ Zinszahlungen von Kreditnehmern	Beispiele von Ausgaben: ▷ Auszahlungen an Lieferanten für den Kauf von Lieferungen und Leistungen ▷ Lohnzahlungen an die Mitarbeiter ▷ Zinszahlungen an Kreditgeber

▷ **Investitionsbereich: Geldflüsse aus Investitionstätigkeit**
Cash flows from investing activities

Das sind die Einnahmen und Ausgaben aus dem Erwerb und der Veräusserung von Anlagevermögen.	Beispiele von Einnahmen: ▷ Einzahlungen aus der Veräusserung von Sachanlagen, Finanzanlagen und immateriellem Anlagevermögen (so genannte Desinvestitionen oder Devestitionen)	Beispiele von Ausgaben: ▷ Auszahlungen für den Erwerb von Sachanlagen, Finanzanlagen und immateriellem Anlagevermögen (so genannte Investitionen).

▷ **Finanzierungsbereich: Geldflüsse aus Finanzierungstätigkeit**
Cash flows from financing activities

Das sind die Einnahmen und Ausgaben aus Veränderungen der Finanzverbindlichkeiten und des einbezahlten Eigenkapitals sowie die Gewinnausschüttungen.	Beispiele von Einnahmen: ▷ Einnahmen aus Kapitalerhöhungen (inkl. Agio) sowie der Aufnahme von kurz- und langfristigen Finanzverbindlichkeiten (so genannte Aussenfinanzierung)	Beispiele von Ausgaben: ▷ Zahlungen zur Kapitalherabsetzung, zur Rückzahlung von kurz- und langfristigen Finanzverbindlichkeiten (so genannte Definanzierung) sowie zur Gewinnausschüttung

Als Saldo ergibt sich die Veränderung der flüssigen Mittel in der Periode.

Auf den nächsten Seiten wird die Geldflussrechnung anhand von zwei Beispielen ausführlich erläutert.

① Im deutschen Sprachraum wird für den Geldfluss aus Betriebstätigkeit oft gleichbedeutend der Begriff **Cashflow** verwendet:

Geldfluss aus Betriebstätigkeit = Cashflow

Dies ist sprachlich eigentlich falsch, denn wörtlich übersetzt bedeutet der englische Begriff **Cash flow** lediglich **Geldfluss.** Und Geldflüsse finden in allen drei Bereichen der Geldflussrechnung statt, nicht nur im Betriebsbereich. Die Bezeichnung **operativer Cashflow** wäre zweckmässiger.

Weitere bedeutungsgleiche Ausdrücke für Geldfluss aus Betriebstätigkeit sind:

▷ Geldfluss aus Geschäftstätigkeit, Geldfluss aus Umsatztätigkeit

▷ Innenfinanzierung

Ein negativer operativer Cashflow wird manchmal **Cashdrain** (wörtlich übersetzt Geldabfluss) genannt.

Beispiel 1 Geldflussrechnung einer Privatschule

Als Ausgangslage sind die Eröffnungsbilanz sowie die summarisch zusammengefassten Geschäftsfälle einer Privatschule bekannt.

Eröffnungsbilanz 1. 1. 20_1

Aktiven		Passiven	
Flüssige Mittel	10	Darlehen	35
Mobiliar	80	Aktienkapital	100
EDV-Anlagen	70	Reserven	17
		Gewinnvortrag	8
	160		160

Geschäftsfälle 20_1

Nr.	Geschäftsfall	Buchungssatz		Betrag
1	Einzahlungen der Schulgelder aufs Bankkonto	Flüssige Mittel	Schulgeldertrag	250
2	Personalaufwand	Personalaufwand	Flüssige Mittel	120
3	Übriger Baraufwand wie Mietzinse, Energieverbrauch, Kapitalzinsen, Versicherungsprämien, Schulmaterialverbrauch	Übriger Aufwand	Flüssige Mittel	90
4	Abschreibungen Mobiliar	Abschreibungen Mobiliar	Mobiliar	9
5	Abschreibungen EDV-Anlagen	Abschreibungen EDV-Anlagen	EDV-Anlagen	24
6	Barkauf von EDV-Anlagen	EDV-Anlagen	Flüssige Mittel	33
7	Barverkauf alte EDV-Anlagen zum Buchwert	Flüssige Mittel	EDV-Anlagen	3
8	Reservezuweisung des Vorjahresgewinns (keine Gewinnausschüttung)	Gewinnvortrag	Reserven	8
9	Teilrückzahlung Darlehen (Bankzahlung)	Darlehen	Flüssige Mittel	25
10	Aktienkapitalerhöhung zum Nominalwert (Einzahlungen der Aktionäre aufs Bankkonto)	Flüssige Mittel	Aktienkapital	20
11	Übertrag des Gewinnes auf den Gewinnvortrag	Erfolgsrechnung	Gewinnvortrag	7

Daraus ergeben sich die auf der nächsten Seite dargestellten drei Abschlussrechnungen:

▷ die Erfolgsrechnung
▷ die Geldflussrechnung
▷ die Schlussbilanz

Geldflussrechnung 20_1

Betriebsbereich (Cashflow)①			
	Schulgeldeinnahmen	250	
./.	Personalausgaben	– 120	
./.	Übrige Ausgaben	– 90	40
Investitionsbereich①			
./.	Kauf EDV-Anlagen	– 33	
+	Verkauf alte EDV-Anlagen	3	– 30
Finanzierungsbereich①			
+	Aktienkapitalerhöhung	20	
./.	Rückzahlung Darlehen	– 25	– 5
=	**Zunahme flüssige Mittel**		**5**

Erfolgsrechnung 20_1

	Schulgeldertrag		250
./.	Personalaufwand	– 120	
./.	Übriger Aufwand	– 90	
./.	Abschreibungen Mobiliar	– 9	
./.	Abschreibungen EDV-Anlagen	– 24	– 243
=	**Gewinn**		**7**

Schlussbilanz 31. 12. 20_1

Aktiven		Passiven	
Flüssige Mittel	15	Darlehen	10
Mobiliar	71	Aktienkapital	120
EDV-Anlagen	76	Reserven	25
		Gewinnvortrag	7
	162		162

Die Erläuterungen zur Geldflussrechnung sowie zur Berechnung des Cashflows sind auf der nächsten Doppelseite.

① Die drei Bereiche können gleichbedeutend wie folgt überschrieben werden:
- ▷ Geldfluss aus Betriebstätigkeit
- ▷ Geldfluss aus Investitionstätigkeit
- ▷ Geldfluss aus Finanzierungstätigkeit

Die Erfolgsrechnung wurde auf der Vorseite in Berichtsform (als Staffel) dargestellt, wie dies in Geschäftsberichten üblich ist, um die Verständlichkeit für buchhalterisch wenig Geschulte zu verbessern. Zum Vergleich folgt nun dieselbe Erfolgsrechnung in Kontoform:

Erfolgsrechnung 20_1

Aufwand		Ertrag	
Personalaufwand	120	Schulgeldertrag	250
Übriger Aufwand	90		
Abschreibungen Mobiliar	9		
Abschreibungen EDV-Anlagen	24		
Gewinn	**7**		
	250		250

Die in der Erfolgsrechnung erfassten Geschäftsfälle bilden die Basis für die Cashflow-Berechnung, die auf zwei Arten erfolgen kann:

Cashflow-Berechnung

Direkte Berechnung

Geldwirksamer Ertrag (Einnahmen)①	
Schulgeldeinnahmen	250
./. **Geldwirksamer Aufwand (Ausgaben)①**	
Personalausgaben	– 120
Übrige Ausgaben	– 90
= **Cashflow**	40

Erfolgsrechnung

Geldwirksamer Aufwand (Ausgaben)	Geldwirksamer Ertrag (Einnahmen)
Abschreibungen	
Gewinn	

Indirekte Berechnung (Überleitung)

Gewinn	7
+ **Differenzen zwischen Gewinn und Cashflow**	
Abschreibungen Mobiliar	9
Abschreibungen EDV-Anlagen	24
= **Cashflow**	40

Erfolgsrechnung

Geldwirksamer Aufwand (Ausgaben)	Geldwirksamer Ertrag (Einnahmen)
Abschreibungen	
Gewinn	

① Gleichbedeutende Ausdrücke für geldwirksamer Ertrag sind: Einnahmen aus Betriebstätigkeit, liquiditätswirksamer Ertrag oder Barertrag. Sinngemäss kann anstelle von geldwirksamem Aufwand auch von Ausgaben aus Betriebstätigkeit, liquiditätswirksamem Aufwand oder Baraufwand gesprochen werden.

Anmerkungen zur indirekten Cashflow-Berechnung

Bei der indirekten Cashflow-Berechnung handelt es sich um eine rechnerische **Überleitung vom Gewinn zum Cashflow.**

Differenzen zwischen Gewinn und Cashflow entstehen überall dort, wo Aufwand und Ausgabe bzw. Ertrag und Einnahme nicht gleich hoch sind. Die wichtigste Differenz zwischen Gewinn und Cashflow stellen die Abschreibungen dar:

- ▷ Abschreibungen sind Aufwand und verkleinern den Gewinn. Abschreibungen sind keine Ausgaben und haben keinen Einfluss auf den Cashflow.
- ▷ Der Gewinn ist somit (um den Abschreibungsaufwand) kleiner als der Cashflow. Um vom tieferen Gewinn zum höheren Cashflow zu gelangen, müssen die Abschreibungen zum Gewinn hinzugezählt werden.

Die in Kontoform grafisch dargestellte (nicht massstabsgetreue) Erfolgsrechnung zeigt, dass die direkte und die indirekte Berechnung zum selben Resultat führen.①

In diesem einfachen Einführungsbeispiel sind die Abschreibungen der einzige Unterschied zwischen dem Gewinn und dem Cashflow, weshalb buchhalterisch wenig geschulte «Praktiker» manchmal die Meinung vertreten, der Cashflow errechne sich ausschliesslich aus Gewinn und Abschreibungen, was in Beispiel 2 widerlegt wird.②

Darstellung der Geldflussrechnung

Wie die Bilanz und die Erfolgsrechnung kann auch die Geldflussrechnung als Konto dargestellt werden, was in der Praxis allerdings wenig vorkommt. Dazu muss der Investitionsbereich in Desinvestierung (Einnahme) und Investierung (Ausgabe) aufgeteilt werden. Auch der Finanzierungsbereich wird zweigeteilt in Aussenfinanzierung (Einnahme) und Definanzierung (Ausgabe). Als Saldo ergibt sich die Zu- oder Abnahme der flüssigen Mittel.

Geldflussrechnung 20_1

Einnahmen			Ausgaben	
Betriebsbereich (Cashflow)③			**Investierung**	
Gewinn	7		Kauf EDV-Anlagen	33
Abschreibung Mobiliar	9			
Abschreibung EDV-Anlagen	24	40	**Definanzierung**	
Aussenfinanzierung④			Rückzahlung Darlehen	25
Aktienkapitalerhöhung		20		
Desinvestierung			**Zunahme flüssige Mittel**	
Verkauf EDV-Anlagen		3	**(= Saldo)**	**5**
		63		63

① Die bildliche Gegenüberstellung von direkter und indirekter Cashflow-Berechnung mithilfe der Erfolgsrechnung ist nur bei einfachen Geschäftsfällen möglich, weshalb in Beispiel 2 auf eine grafische Darstellung verzichtet werden muss.

② Viele Laien glauben, dass sich der Cashflow durch eine Erhöhung der Abschreibungen vergrössern lässt, was ja nicht sein kann, da bei den Abschreibungen gar kein Geld fliesst. (Buchhalterisch gesehen nimmt im Gegenzug zum höheren Abschreibungsaufwand der Gewinn als Saldo der Erfolgsrechnung um gleich viel ab, sodass die Summe aus Gewinn und Abschreibung unverändert bleibt.)

③ Der Cashflow kann auch direkt dargestellt werden.

④ Zur Unterscheidung gegenüber der Innenfinanzierung (Betriebsbereich, Cashflow) wird die Bezeichnung Aussenfinanzierung gewählt.

Beispiel 2

Geldflussrechnung eines Handelsbetriebs

Als Ausgangslage sind die Eröffnungsbilanz sowie die summarisch zusammengefassten Geschäftsfälle eines Handelsbetriebs bekannt.

Eröffnungsbilanz 1. 1. 20_1

Aktiven			Passiven		
Umlaufvermögen			**Fremdkapital**		
Flüssige Mittel	12		Kreditoren	45	
Debitoren	38		Hypothek	75	120
Warenvorrat	65	115	**Eigenkapital**		
			Aktienkapital	200	
Anlagevermögen			Reserven	55	
Anlagevermögen		285	Gewinnvortrag	25	280
		400			400

Geschäftsfälle 20_1

Nr.	Geschäftsfall	Betrag
1	Warenverkäufe auf Kredit	1 200
2	Zahlungen von Kunden	1 180
3	Warenaufwand	660
4	Wareneinkäufe auf Kredit	630
5	Zahlungen an Warenlieferanten	620
6	Personalaufwand (Bankzahlungen)	300
7	Übriger Baraufwand (Bankzahlungen)	140
8	Abschreibungen auf Anlagevermögen	70
9	Verkauf eines gebrauchten Fahrzeugs zum Buchwert	8
10	Kauf einer Liegenschaft (Bankzahlung)	200
11	Gewinnverteilung (des Vorjahresgewinnes): ▷ Reservenzuweisung 5 ▷ Dividendenauszahlung (Bankzahlung) 20	 5 20
12	Aufnahme Hypothek (Gutschrift auf Bankkonto)	35
13	Aktienkapitalerhöhung zum Nominalwert (Bankeinzahlung der Aktionäre)	50
14	Übertrag des Gewinnes auf den Gewinnvortrag	30

Wie lauten die Erfolgsrechnung, die Geldflussrechnung sowie die Schlussbilanz?

Geldflussrechnung 20_1

	Betriebsbereich (Cashflow)		
	Zahlungen von Kunden	1 180	
./.	Zahlungen an Lieferanten	– 620	
./.	Personalausgaben	– 300	
./.	Zahlungen für übrigen Aufwand	– 140	120
	Investitionsbereich		
./.	Kauf Liegenschaft	– 200	
+	Verkauf Fahrzeug	8	– 192
	Finanzierungsbereich		
+	Aktienkapitalerhöhung	50	
+	Erhöhung Hypothek	35	
./.	Dividendenauszahlung	– 20	65
=	**Abnahme flüssige Mittel**		**– 7**

Erfolgsrechnung 20_1

	Warenertrag		1 200
./.	Warenaufwand	– 660	
./.	Personalaufwand	– 300	
./.	Übriger Aufwand	– 140	
./.	Abschreibungen	– 70	– 1 170
=	**Gewinn**		**30**

Schlussbilanz 31. 12. 20_1

Aktiven			Passiven		
Umlaufvermögen			**Fremdkapital**		
Flüssige Mittel	5		Kreditoren	55	
Debitoren	58		Hypothek	110	165
Warenvorrat	35	98	**Eigenkapital**		
			Aktienkapital	250	
Anlagevermögen			Reserven	60	
Anlagevermögen		407	Gewinnvortrag	30	340
		505			505

Die Erläuterungen zur Berechnung des Cashflows sind auf der nächsten Doppelseite.

Die durch die Betriebstätigkeit verursachten Buchungen bilden die Basis für die Cashflow-Berechnung:

Cashflow-Berechnung

Direkte Berechnung

	Geldwirksamer Ertrag	
	Zahlungen von Kunden	1 180
./.	**Geldwirksamer Aufwand**	
	Zahlungen an Lieferanten	– 620
	Personalausgaben	– 300
	Übriger Baraufwand	– 140
=	**Cashflow**	120

Indirekte Berechnung (Überleitung)

	Gewinn	30
+/–	**Differenzen zwischen Gewinn und Cashflow**	
+	Abschreibungen	70
./.	Zunahme Debitoren	– 20
+	Abnahme Warenvorrat	30
+	Zunahme Kreditoren	10
=	**Cashflow**	120

Anmerkungen zur indirekten Cashflow-Berechnung

Die indirekte Cashflow-Berechnung ist eine Überleitung vom Gewinn zum Cashflow: Da für die Gewinnermittlung die Aufwände und Erträge massgeblich sind und für die Cashflow-Berechnung die Einnahmen und Ausgaben, ergeben sich zwangsläufig Differenzen, die bei der indirekten Berechnung sichtbar werden:

▷ Die Abschreibungen sind Aufwand, aber keine Ausgabe. Folglich ist der Gewinn tiefer als der Cashflow. Um vom tieferen Gewinn zum höheren Cashflow zu gelangen, müssen die Abschreibungen zum Gewinn hinzugezählt werden.

▷ Eine Debitorenzunahme bedeutet, dass die Kunden nicht alle gestellten Rechnungen bezahlt haben. Da in diesem Fall der Ertrag höher ist als die Einnahmen, ist der Gewinn höher als der Cashflow. Wenn vom Gewinn ausgehend der Cashflow berechnet wird, muss diese Differenz folglich vom Gewinn abgezogen werden.

	Warenertrag (= an Kunden verschickte Rechnungen)	1 200	→ Die Erträge erhöhen den Gewinn.
./.	**Zunahme Debitoren**	**– 20**	→ Gewinn und Cashflow unterscheiden sich durch diese Differenz.
=	Zahlungen von Kunden	1 180	→ Die Einnahmen erhöhen den Cashflow.

▷ Sowohl die Kreditorenzunahmen als auch die Vorratsabnahmen bedeuten, dass der Warenaufwand höher ist als die Zahlungen an Lieferanten. Der Gewinn ist folglich tiefer als der Cashflow. Deshalb müssen diese Differenzen bei der Cashflow-Berechnung zum Gewinn hinzugezählt werden.

	Warenaufwand (= Einstandswert der verkauften Waren)	660	→ Die Aufwände verkleinern den Gewinn.
./.	**Abnahme Warenvorrat**	**– 30**	
=	Wareneinkäufe (= erhaltene Lieferantenrechnungen)	630	→ Gewinn und Cashflow unterscheiden sich durch diese beiden Differenzen.
./.	**Zunahme Kreditoren**	**– 10**	
=	Zahlungen an Lieferanten	620	→ Die Ausgaben verkleinern den Cashflow.

Gesetzliche Grundlagen zur Geldflussrechnung

► Obligationenrecht

Für buchführungspflichtige Unternehmen in der Schweiz ist das Obligationenrecht die wichtigste gesetzliche Grundlage.

Eine Geldflussrechnung wird vom Obligationenrecht nicht verlangt:

▷ Gemäss den allgemeinen Vorschriften zur kaufmännischen Buchführung muss ein buchführungspflichtiges Unternehmen für jedes Geschäftsjahr ein Inventar, eine Bilanz sowie eine Erfolgsrechnung aufstellen (OR 958 Abs. 1).

▷ Die Jahresrechnung gemäss Aktienrecht setzt sich aus Erfolgsrechnung, Bilanz und dem Anhang zusammen (OR 662):

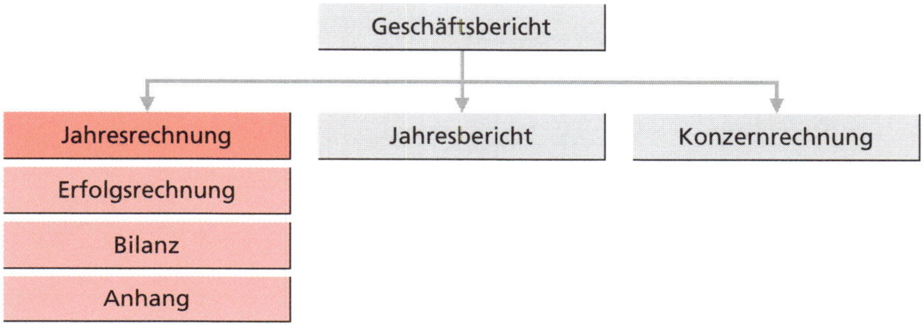

Im Dezember 2005 wurde ein Vorentwurf zur Revision des Aktien- und Rechnungslegungsrechts im Obligationenrecht veröffentlicht.

Gemäss Vorentwurf ist geplant, dass für wirtschaftlich bedeutende Unternehmen① erhöhte Anforderungen an den Geschäftsbericht zu stellen sind. Unter anderem soll die Jahresrechnung auch eine Geldflussrechnung enthalten (rev. OR 961a).

Inwieweit dieser Vorentwurf umgesetzt wird, kann zurzeit (Oktober 2006) noch nicht abgeschätzt werden.

① Das sind grundsätzlich Publikumsgesellschaften (börsenkotierte Unternehmen und solche mit ausstehenden Anleihensobligationen) sowie Unternehmen, die zwei von drei Grössenkriterien überschreiten (Bilanzsumme 10 Mio. Fr., Umsatz 20 Mio. Fr. und 50 Vollzeitstellen).

▶ Vorschriften für börsenkotierte Unternehmen

Für Gesellschaften mit börsenkotierten Titeln gelten strengere Anforderungen bezüglich Inhalt und Darstellung von publizierten Quartals- und Jahresabschlüssen.

Das auf dem **Börsengesetz** (BEHG, Bundesgesetz über die Börsen und den Effektenhandel) basierende Kotierungsreglement der Schweizer Börse (SWX) schreibt in Art. 67 die Anwendung von besonderen Regelwerken vor:

▷ Im Hauptsegment kotierte Gesellschaften müssen ab 2005 die IFRS oder alternativ die US GAAP anwenden.

▷ Gesellschaften des Nebensegments müssen mindestens die Swiss GAAP FER einhalten.

Die verschiedenen Regelwerke zur Rechnungslegung können im Überblick wie folgt charakterisiert werden:

Regelwerke zur Rechnungslegung

IFRS
International Financial Reporting Standards

▷ Dieses Regelwerk umfasst etwa 2 500 Seiten.

▷ Die IFRS gelten für alle in der EU (Europäische Union) kotierten Gesellschaften sowie für die Hauptwerte der Schweizer Börse.

▷ Hauptstärke: Die IFRS sind ein umfassendes Regelwerk, das vor allem auf Regeln (Prinzipien, Grundsätzen) beruht.

▷ Hauptschwäche: Der Umfang ist beträchtlich, was den Einsatz von (teuren) Spezialisten notwendig macht.

▷ Die Geldflussrechnung ist in IAS Nr. 7 geregelt.

US GAAP
United States Generally Accepted Accounting Principles

▷ Dieses Regelwerk umfasst über 25 000 Seiten.

▷ Die US GAAP gelten für alle in den USA kotierten Gesellschaften.

▷ Hauptstärke: Die US GAAP sind meist sehr genau und lassen wenig Spielraum.

▷ Hauptschwächen: Das Regelwerk ist umfangreich und kompliziert. Es enthält viele Einzelvorschriften und wenig allgemein gültige Regeln.

▷ Die Geldflussrechnung ist hauptsächlich in FAS Nr. 95 geregelt.

Swiss GAAP FER
Swiss Generally Accepted Accounting Principles, Fachempfehlungen zur Rechnungslegung

▷ Dieses Regelwerk umfasst etwa 250 Seiten.

▷ Die Swiss GAAP FER gelten als Minimalanforderung für alle an der Schweizer Börse kotierten Nebenwerte.

▷ Hauptstärke: Die Regeln sind kurz, bündig und allgemein verständlich formuliert.

▷ Hauptschwäche: Die Regeln sind manchmal large und lassen zu viele alternative Methoden zu.

▷ Die Geldflussrechnung ist in Swiss GAAP FER Nr. 4 geregelt.①

Alle drei Regelwerke verlangen die Publikation einer Geldflussrechnung im Geschäftsbericht. Form und Inhalt sind dabei detailliert vorgegeben. Das vorliegende Lehrbuch berücksichtigt diese Anforderungen.

① Swiss GAAP FER 4 lehnt sich stark an IAS 7 an.

Zusammenfassung

Die Geldflussrechnung schliesst als **dritte Jahresrechnung** die Informationslücken von Bilanz und Erfolgsrechnung, indem sie Aufschluss gibt über

▷ die Liquiditätsentwicklung

▷ die Investierungsvorgänge sowie

▷ die Finanzierungsmassnahmen

innerhalb vergangener oder künftiger Geschäftsperioden.

Die Geldflussrechnung ist eine **Ursachenrechnung;** sie zeigt, weshalb eine bestimmte Liquiditätssituation entsteht.

Geldflussrechnungen werden in **drei Bereiche** gegliedert und zeigen als Saldo die Veränderung der flüssigen Mittel:

Geldflussrechnung	
	Geldfluss aus Betriebstätigkeit (Cashflow, Innenfinanzierung)
+/–	Geldfluss aus Investitionstätigkeit
+/–	Geldfluss aus Finanzierungstätigkeit
=	Zunahme oder Abnahme der flüssigen Mittel

Cash flow statement	
	Cash flows from operating activities
+/–	Cash flows from investing activities
+/–	Cash flows from financing activities
=	Increase or decrease in cash and cash equivalents

Der **Cashflow** ist die im deutschen Sprachraum gebräuchliche Bezeichnung für den Geldfluss aus Betriebstätigkeit. Er stellt die wichtigste Geldquelle einer Unternehmung dar und ist deshalb eine unverzichtbare Grösse bei der Beurteilung der finanziellen Situation, weil er Informationen vermittelt über die Fähigkeit der Unternehmung:

▷ Investitionen aus der Betriebstätigkeit zu finanzieren

▷ Gewinne auszuschütten und

▷ Schulden zurückzuzahlen

Der Cashflow lässt sich auf zwei Arten ermitteln:

▷ Bei der **direkten Methode** werden die Einnahmen und Ausgaben aus Betriebstätigkeit einander gegenübergestellt. Dadurch werden die Zahlungsvorgänge sichtbar, was vor allem bei zukunftsgerichteten Geldflussrechnungen im Rahmen der Liquiditätsplanung hilfreich ist.

▷ Bei der **indirekten Methode** handelt es sich um eine Überleitungsrechnung vom Gewinn gemäss Erfolgsrechnung zum Cashflow gemäss Geldflussrechnung durch Auflistung aller Differenzen. Im Geschäftsbericht weisen fast alle Unternehmen den Cashflow auf indirekte Weise aus, weil die Berechnung einfacher ist.

Geldflussrechnung: Vertiefung

Beim Aufstellen von Geldflussrechnungen stellen sich anspruchsvolle buchhalterische Fragen, die in diesem Kapitel detailliert besprochen werden.

Aktive und passive Rechnungsabgrenzungen

Durch die Rechnungsabgrenzungen entstehen Differenzen zwischen der Erfolgsrechnung und dem Geldfluss aus Betriebstätigkeit (Cashflow).

Am Periodenende sind grundsätzlich vier Fälle zu unterscheiden. Beschrieben wird in der folgenden Tabelle jeweils die Bildung (bzw. die Erhöhung) der Rechnungsabgrenzung.①

Fall	Beispiel	Unterschied zwischen Erfolg und Cashflow	Rechnungsabgrenzung
Noch nicht erhaltener (aufgelaufener) Ertrag	Ein Darlehensgeber hat die Zinszahlung für die laufende Periode noch nicht erhalten.	Der Ertrag ist höher als die Einnahme.	Transitorische Aktiven — Zinsertrag 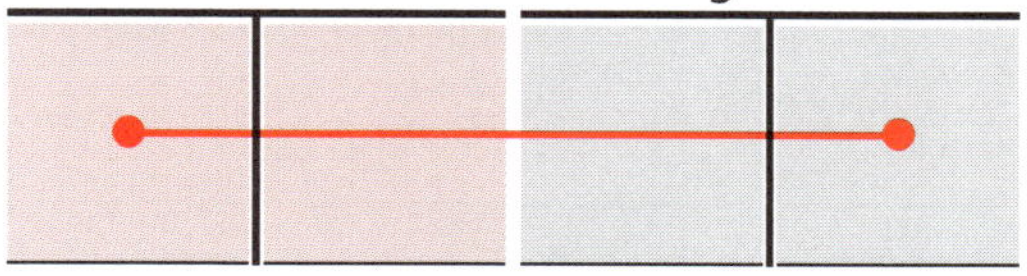
Aufgelaufener Aufwand	Ein Darlehensnehmer hat den Zins für die laufende Periode noch nicht bezahlt.	Der Aufwand ist höher als die Ausgabe.	Transitorische Passiven — Zinsaufwand 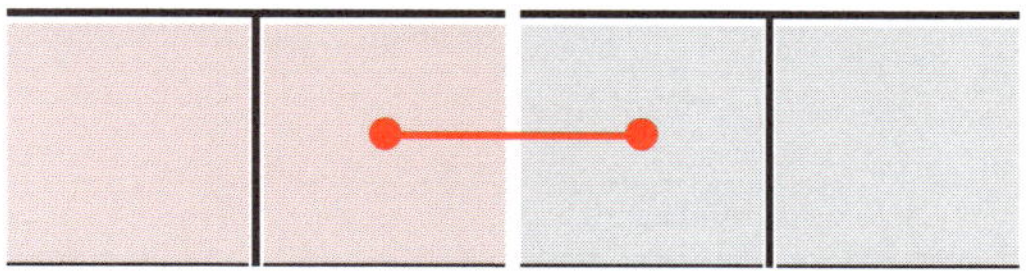
Vorausbezahlter Aufwand	Ein Mieter zahlt den Mietzins zum Voraus.	Die Ausgabe ist höher als der Aufwand.	Transitorische Aktiven — Mietaufwand 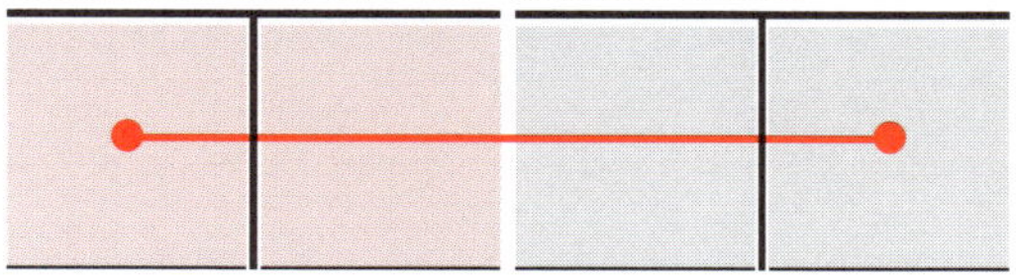
Im Voraus erhaltener Ertrag	Ein Vermieter erhält die Mietzinszahlung zum Voraus.	Die Einnahme ist höher als der Ertrag.	Transitorische Passiven — Mietertrag 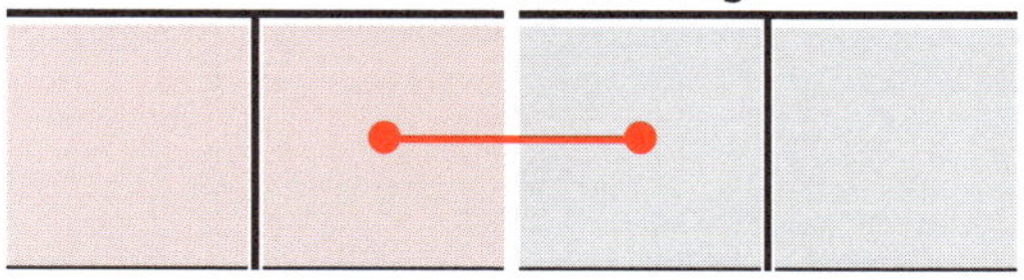

① Bei einer Auflösung oder Reduktion der Rechnungsabgrenzung ist die Wirkung umgekehrt.
Sofern sich die Höhe der Rechnungsabgrenzung in einer Periode nicht verändert, unterscheiden sich Erfolg und Cashflow nicht.

Beispiel 1 Aufgelaufener Aufwand

Ein seit Jahren bestehendes Passivdarlehen von 300 ist nachschüssig am 31. August zu verzinsen. Der Zinsfuss wird per 31. August 20_5 von bisher 4% auf neu 5% erhöht.

Buchungsvariante 1: Keine Rückbuchung der Transitorien nach der Eröffnung

Datum	Text	Buchungssatz	Transitorische Passiven (TP)		Zinsaufwand	
01. 01.	Eröffnung	Bilanz/TP 4		4		
30. 08.	Zinszahlung	Zinsaufwand/Flüssige Mittel 12			12	
31. 12.	Anpassung der Rechnungsabgrenzung	Zinsaufwand/TP 1		1	1	
31. 12.	Abschluss	TP/Bilanz 5	**5**			
		ER/Zinsaufwand 13				**13**
			5	5	13	13

Buchungsvariante 2: Rückbuchung der Transitorien nach der Eröffnung

Datum	Text	Buchungssatz	Transitorische Passiven (TP)		Zinsaufwand	
01. 01.	Eröffnung	Bilanz/TP 4		4		
01. 01.	Rückbuchung der Rechnungsabgrenzung	TP/Zinsaufwand 4	4			4
30. 08.	Zinszahlung	Zinsaufwand/Flüssige Mittel 12			12	
31. 12.	Neubildung der Rechnungsabgrenzung	Zinsaufwand/TP 5		5	5	
31. 12.	Abschluss	TP/Bilanz 5	**5**			
		ER/Zinsaufwand 13				**13**
			9	9	17	17

Unabhängig von der gewählten Buchungsvariante besteht im Beispiel ein Unterschied von 1 zwischen dem Zinsaufwand und der Zinszahlung:

	Zinsaufwand gemäss Erfolgsrechnung	13
./.	Zunahme Transitorische Passiven (von 4 auf 5)	– 1
=	Zinszahlung gemäss Geldflussrechnung	12

In den Gesamtrechnungen wird dieser Sachverhalt wie folgt dargestellt:

Eröffnungsbilanz 1. 1. 20_5

Aktiven		Passiven	
Flüssige Mittel	30	Kreditoren	100
Debitoren	90	Transitorische Passiven	4
Warenvorrat	40	Darlehen	300
Sachanlagen	644	Eigenkapital	400
	804		804

Geldflussrechnung 20_5

Betriebsbereich (Cashflow)		
Zahlungen von Kunden	890	
./. Zahlungen an Lieferanten	– 503	
./. Zinszahlung	– 12	
./. Zahlungen für übrigen Aufwand	– 237	138
Investitionsbereich		
./. Investitionen	– 130	
./. Desinvestitionen	20	– 110
Finanzierungsbereich		
./. Gewinnausschüttung		– 30
= **Abnahme flüssige Mittel**		**– 2**
+ Anfangsbestand flüssige Mittel①		30
= Schlussbestand flüssige Mittel①		28

Erfolgsrechnung 20_5

Warenertrag	900
./. Warenaufwand	– 500
./. Zinsaufwand	– 13
./. Abschreibungen	– 100
./. Übriger Aufwand (bar)	– 237
= **Gewinn**	**50**

Cashflow indirekt

Gewinn	50
+ Abschreibungen	100
./. Zunahme Debitoren	– 10
./. Zunahme Vorräte	– 8
+ Zunahme Kreditoren	5
+ Zunahme Transitorische Passiven	1
= **Cashflow**	**138**

Schlussbilanz 31. 12. 20_5

Aktiven		Passiven	
Flüssige Mittel	28	Kreditoren	105
Debitoren	100	Transitorische Passiven	5
Warenvorrat	48	Darlehen	300
Sachanlagen	654	Eigenkapital	420
	830		830

① In der Praxis wird am Ende der Geldflussrechnung oft vom Anfangsbestand an flüssigen Mitteln auf den Schlussbestand übergeleitet.

Rückstellungen

Rückstellungen sind Verbindlichkeiten (Fremdkapital), die am Bilanzstichtag hinsichtlich ihrer Höhe oder dem Zeitpunkt des Eintritts unbestimmt sind.

Beispiel 2 Garantierückstellungen

Datum	Text	Buchungssatz	Rückstellungen		Garantieaufwand①	
01. 01.	Eröffnung	Bilanz/Rückstellungen 30		30		
20. 04.	**Bildung** einer Rückstellung aufgrund der Schadenersatzklage eines Kunden	Garantieaufwand/ Rückstellungen 9		9	9	
30. 08.	**Auflösung** einer in der Vorperiode gebildeten Rückstellung infolge eines positiven Gerichtsentscheids	Rückstellungen/ Garantieaufwand 4	4			4
7. 10.	**Verbrauch:** Schadenersatzzahlung zulasten der Rückstellungen	Rückstellungen/ Flüssige Mittel 15	15			
31. 12.	Abschluss	Rückstellungen/Bilanz 20	**20**			
		ER/Rückstellungen 5				**5**
			39	39	9	9

Bildung, Auflösung und Verbrauch von Rückstellungen werden grundsätzlich durch die operative Geschäftstätigkeit verursacht. Deshalb sind diese Tatbestände beim Geldfluss aus Betriebstätigkeit auszuweisen:

- ▷ Die Bildung und Auflösung sind erfolgswirksam, aber nicht liquiditätswirksam, weshalb diese Vorgänge als Differenzen zwischen Gewinn und Cashflow im indirekten Cashflow-Nachweis darzustellen sind.
- ▷ Obwohl der Verbrauch nicht erfolgswirksam ist, wird er als Ausgabe im Betriebsbereich (direkter Cashflow-Nachweis) aufgeführt, da es sich um einen operativen Vorgang handelt.② Die dadurch entstehende Differenz zwischen Gewinn und Cashflow ist ebenfalls im indirekten Cashflow-Nachweis aufzuführen.

Die nächste Seite zeigt den Ausweis der Rückstellungen in den Gesamtrechnungen.

① Kann auch als Erlösminderung erfasst werden.

② Geldflüsse aus Betriebstätigkeit (Cashflow) stammen in erster Linie aus der Leistungserstellung und Leistungsveräusserung, d. h. aus erfolgswirksamen Geschäftsfällen. Deshalb bildet die Erfolgsrechnung grundsätzlich die Basis für die Berechnung des Cashflows.

Gewisse Vorgänge gehören indes zum Geldfluss aus Betriebstätigkeit, obwohl sie nicht erfolgswirksam sind. Ein wichtiges Beispiel stellt der Verbrauch von Rückstellungen dar. Ein anderes Beispiel sind die Vorauszahlungen von Kunden.

Eröffnungsbilanz

Aktiven		Passiven	
Flüssige Mittel	30	Kreditoren	100
Debitoren	90	Rückstellungen	30
Warenvorrat	40	Übriges Fremdkapital	270
Sachanlagen	640	Eigenkapital	400
	800		800

Geldflussrechnung

	Betriebsbereich (Cashflow)		
	Zahlungen von Kunden	890	
./.	Zahlungen an Lieferanten	– 503	
./.	Zahlung zulasten der Rückstellungen (Verbrauch)	– 15	
./.	Zahlungen für übrigen Aufwand	– 245	127
	Investitionsbereich		
./.	Investitionen	– 130	
+	Desinvestitionen	20	– 110
	Finanzierungsbereich		
./.	Gewinnausschüttung		– 30
=	**Abnahme flüssige Mittel**		**– 13**

Erfolgsrechnung

	Warenertrag	900
./.	Warenaufwand	– 500
./.	Bildung Rückstellung	– 9
+	Auflösung Rückstellung	4
./.	Abschreibungen	– 100
./.	Übriger Aufwand (bar)	– 245
=	**Gewinn**	**50**

Cashflow indirekt

	Gewinn		50
+	Abschreibungen		100
./.	Zunahme Debitoren		– 10
./.	Zunahme Vorräte		– 8
./.	Zunahme Kreditoren		5
+	Bildung Rückstellungen		9
./.	Auflösung Rückstellungen	– 10①	– 4
./.	Verbrauch Rückstellungen		– 15
=	**Cashflow**		**127**

Schlussbilanz

Aktiven		Passiven	
Flüssige Mittel	17	Kreditoren	105
Debitoren	100	Rückstellungen	20
Warenvorrat	48	Übriges Fremdkapital	270
Sachanlagen	650	Eigenkapital	420
	815		815

① Aus methodischen Gründen wurden im Beispiel die Rückstellungsveränderungen einzeln aufgeführt. In der Praxis würden diese als **Abnahme Rückstellungen – 10** auf einer Zeile zusammengefasst.

Konten im Fabrikationsbetrieb

Die Besonderheiten von Fabrikationsbetrieben werden anhand eines Zahlenbeispiels erläutert.

Beispiel 3 Fabrikationsbetrieb

Der **Materialaufwand** im Fabrikationsbetrieb wird in der Geldflussrechnung grundsätzlich gleich wie der Warenaufwand im Handelsbetrieb gehandhabt, d. h., der Materialaufwand gemäss Erfolgsrechnung unterscheidet sich gegenüber dem Geldfluss aus Betriebstätigkeit durch zwei Differenzen, nämlich durch die Veränderungen des Materialvorrats und der Kreditoren:

	Materialaufwand (Materialverbrauch)	500	→ Erfolgsrechnung
+	Zunahme Materialvorrat	8	→ Differenz bei der indirekten Cashflow-Berechnung
=	Materialeinkäufe	508	
./.	Zunahme Kreditoren	– 5	→ Differenz bei der indirekten Cashflow-Berechnung
=	Zahlungen an Lieferanten	503	→ Geldfluss aus Betriebstätigkeit (Cashflow direkt)

Etwas komplexer ist die Situation beim Ertrag:

▷ Der **Fabrikateertrag** unterscheidet sich gegenüber den Zahlungen von Kunden hauptsächlich durch die Debitorenveränderungen. Je nach Branche müssen ausserdem die Veränderungen an **Vorauszahlungen von Kunden** berücksichtigt werden. Diese sind zwar nicht erfolgswirksam, stellen aber eine Einnahme im Betriebsbereich dar, weshalb die Differenz bei der indirekten Cashflow-Berechnung auszuweisen ist.

	Fabrikateertrag	900	→ Erfolgsrechnung
./.	Zunahme Debitoren	– 10	→ Differenz bei der indirekten Cashflow-Berechnung
+	Zunahme Vorauszahlungen Kunden	6	→ Differenz bei der indirekten Cashflow-Berechnung
=	Zahlungen von Kunden	896	→ Geldfluss aus Betriebstätigkeit (Cashflow direkt)

▷ Die **Bestandesänderungen an Fabrikaten** (Fabrikate in Arbeit und Fertigfabrikate) sind erfolgswirksam, aber nicht liquiditätswirksam, weshalb sie bei der indirekten Cashflow-Berechnung als Differenz auszuweisen sind.

▷ Der **Ertrag aus aktivierten Eigenleistungen** (selbst produzierte und anschliessend aktivierte materielle oder immaterielle Anlagen) ist erfolgswirksam. In der Geldflussrechnung sind die Ausgaben zur Herstellung der Eigenleistungen aber nicht im Betriebsbereich, sondern im Investitionsbereich auszuweisen, weil sie – gleich wie käuflich erworbene Anlagen – eine Zunahme des Anlagevermögens und damit eine Investition darstellen.

	Fabrikateertrag (Verkaufserlös)	900	→ Basis für die Ermittlung der Zahlungen von Kunden
+	Zunahme Fabrikatevorrat	7	→ Differenz bei der indirekten Cashflow-Berechnung
+	Aktivierte Eigenleistungen	2	→ Ausgabe im Investitionsbereich
=	Gesamtertrag (Produktionsertrag)	909	→ Erfolgsrechnung

In den Gesamtrechnungen werden diese Sachverhalte wie folgt dargestellt:

Eröffnungsbilanz

Aktiven		Passiven	
Flüssige Mittel	30	Kreditoren	100
Debitoren	90	Vorauszahlungen von Kunden	20
Materialvorrat	40	Übriges Fremdkapital	340
Fabrikatevorrat	60	Eigenkapital	400
Sachanlagen	640		
	860		860

Geldflussrechnung

Betriebsbereich (Cashflow)		
Zahlungen von Kunden	896	
./. Zahlungen an Lieferanten	– 503	
./. Zahlungen für übrigen Aufwand	– 259	
+ Korrektur aktivierte Eigenleistung①	2	136
Investitionsbereich		
./. Aktivierte Eigenleistungen	– 2	
./. Übrige Investitionen	– 130	
+ Desinvestitionen	20	– 112
Finanzierungsbereich		
./. Gewinnausschüttung		– 30
= Abnahme flüssige Mittel		**– 6**

Erfolgsrechnung

Fabrikateertrag	900
+ Zunahme Fabrikatevorrat	7
+ Aktivierte Eigenleistungen	2
= Gesamtertrag (Produktionsertrag)	**909**
./. Materialaufwand	– 500
./. Abschreibungen	– 100
./. Übriger Aufwand (bar)	– 259
= Gewinn	**50**

Cashflow indirekt

Gewinn	50
+ Abschreibungen	100
./. Zunahme Debitoren	– 10
./. Zunahme Vorräte	– 8
+ Zunahme Kreditoren	5
./. Zunahme Fabrikatevorrat	– 7
+ Zunahme Vorauszahlungen Kunden	6
= Cashflow	**136**

Schlussbilanz

Aktiven		Passiven	
Flüssige Mittel	24	Kreditoren	105
Debitoren	100	Vorauszahlungen von Kunden	26
Materialvorrat	48	Übriges Fremdkapital	340
Fabrikatevorrat	67	Eigenkapital	420
Sachanlagen	652		
	891		891

① Weil in den Zahlungen an Lieferanten von 503 und den Zahlungen für übrigen Aufwand von 259 auch die Ausgaben für die Herstellung der aktivierten Eigenleistungen enthalten sind, muss bei der direkten Berechnung eine entsprechende Korrektur erfolgen, sonst würden die Ausgaben zweimal erfasst: einmal im Betriebsbereich und einmal im Investitionsbereich. In den Geschäftsberichten ist eine solche Korrektur kaum je anzutreffen, da fast alle Unternehmen den indirekten Cashflow-Ausweis bevorzugen.

Im Beispiel wurde vernachlässigt, dass die aktivierten Eigenleistungen von 2 auch nicht liquiditätswirksame Teile enthalten, z.B. die Abschreibungen auf den benützten Maschinen. Aus Gründen der Wesentlichkeit wird diese Tatsache auch in der Praxis meist vernachlässigt.

Veräusserungsgewinne

Bei der Veräusserung von nicht mehr benötigten Sachanlagen entspricht der Verkaufserlös meist nicht dem in der Buchhaltung geführten Wert:

▷ Liegt der Verkaufserlös unter dem Buchwert, entsteht ein Veräusserungsverlust, der in der Geldflussrechnung grundsätzlich gleich wie eine zusätzliche Abschreibung zu erfassen ist.

▷ Ist der Verkaufserlös höher als der Buchwert, entsteht ein Veräusserungsgewinn. Für die Geldflussrechnung stellt sich die Frage, ob diese zusätzliche Einnahme als Geldfluss aus Betriebstätigkeit (Cashflow) oder als Geldfluss aus Investitionstätigkeit darzustellen sei.

Beispiel 4

Veräusserungsgewinn (direkte Abschreibung)

Ein Stück Land im Buchwert von 200 wird für 250 gegen Bankzahlung verkauft.

	Einnahme aus Verkauf von Land	250
./.	Buchwert Land	– 200
=	Veräusserungsgewinn	50

Natürlich würden die Manager ihren Leistungsausweis im Geschäftsbericht gerne um einen zusätzlichen Cashflow von 50 aufpolieren (siehe grau Lösung).

Betriebswirtschaftlich richtig ist indes der Ausweis einer Einnahme von 250 im Investitionsbereich, denn der Geldzufluss ist einzig auf den Verkauf einer Sachanlage (= Devestierung) zurückzuführen. Deshalb wird diese Lösung von den Rechnungslegungsstandards vorgeschrieben.

Geldflussrechnung (richtig)

Betriebsbereich (Cashflow)			
	Einnahmen aus Betriebstätigkeit	900	
./.	Ausgaben aus Betriebstätigkeit	– 800	100
Investitionsbereich			
./.	Investitionen	– 180	
+	Devestition	250	70
Finanzierungsbereich			
./.	Amortisation Finanzschulden	– 90	
./.	Gewinnausschüttung	– 40	– 130
=	**Zunahme flüssige Mittel**		**40**

Geldflussrechnung (falsch)

Betriebsbereich (Cashflow)			
	Einnahmen aus Betriebstätigkeit	900	
./.	Ausgaben aus Betriebstätigkeit	– 800	
+	Veräusserungsgewinn	50	150
Investitionsbereich			
./.	Investitionen	– 180	
+	Devestition	200	20
Finanzierungsbereich			
./.	Amortisation Finanzschulden	– 90	
./.	Gewinnausschüttung	– 40	– 130
=	**Zunahme flüssige Mittel**		**40**

Beispiel 5

Veräusserungsgewinn (indirekte Abschreibung)

Sachanlagen im Buchwert von 80 wurden für 100 bar verkauft.

Anschaffungswert Sachanlagen	170
./. Kumulierte Wertberichtigungen	− 90
= Buchwert	80
+ Veräusserungsgewinn	20
= Verkaufserlös	100

Nebst der Erfassung von Verkaufserlös und Veräusserungsgewinn müssen der Anschaffungswert sowie die kumulierte Wertberichtigung der verkauften Sachanlage ausgebucht werden.

Eröffnungsbilanz

Aktiven		Passiven	
Diverse Aktiven	600	Fremdkapital	550
Sachanlagen	700	Eigenkapital	350
./. Wertberichtigung Sachanlagen	− 400		
	900		900

Geldflussrechnung

Betriebsbereich (Cashflow)		
Einzahlungen aus Betriebstätigkeit	2 040	
./. Auszahlungen für Betriebstätigkeit	− 1 930	110
Investitionen		
./. Kauf Sachanlagen	− 120	
+ Verkauf Sachanlagen	100	− 20
Finanzierungsbereich		
./. Gewinnausschüttung		− 40
= Abnahme flüssige Mittel		**50**

Erfolgsrechnung

Warenertrag	2 000
./. Diverser Baraufwand	− 1 900
./. Abschreibungen	− 50
+ Veräusserungsgewinn	20
= Gewinn	**70**

Cashflow indirekt

Gewinn	70
+ Abschreibungen	50
+ Änderung Debitoren, Vorräte, Kreditoren	10
./. Veräusserungsgewinn	− 20
= Cashflow	**110**

Schlussbilanz

Aktiven		Passiven	
Diverse Aktiven	590	Fremdkapital	500
Sachanlagen	650	Eigenkapital	380
./. Wertberichtigung Sachanlagen	− 360		
	880		880

Zur Kontrolle sind auf der nächsten Seite die Konten des Anlagevermögens abgebildet.

Veräusserungsgewinn bei indirekter Abschreibung

Text	Buchungssatz	Sachanlagen		Wertberichtigung	
Eröffnung	Diverse	700			400
Kauf Sachanlagen	Sachanlagen/Flüssige Mittel 120	120			
Verkauf Sachanlagen ▷ Verkaufserlös	Flüssige Mittel/Sachanlagen 100		100		
▷ Veräusserungsgewinn	Wertberichtigung/ Veräusserungsgewinn 20			20	
▷ Ausbuchung Wertberichtigung	Wertberichtigung/Sachanlagen 70		70	70	
Abschreibungen	Abschreibungen/Wertberichtigung 50				50
Abschluss (Salden)	Diverse		**650**	**360**	
		820	820	450	450

Dividenden

Dividendenausgaben (Gewinnausschüttungen)

▷ Dividendenausgaben werden in der Praxis meist als Geldabfluss im Finanzierungsbereich ausgewiesen.

▷ Alternativ können gezahlte Dividenden auch als Verminderung des Geldflusses aus Betriebstätigkeit klassifiziert werden, damit die Fähigkeit eines Unternehmens, Dividenden aus dem laufenden Cashflow zu bezahlen, leichter beurteilt werden kann.

Diese Variante wird in Geschäftsberichten selten angewandt, weil die Manager normalerweise bestrebt sind, einen möglichst hohen Cashflow auszuweisen. Sie ist hingegen in internen Planungsrechnungen recht verbreitet.

Dividendeneinnahmen (Beteiligungserträge)

▷ Dividendeneinnahmen sind vorzugsweise als Geldzufluss aus Betriebstätigkeit darzustellen, weil es sich bei Beteiligungserträgen um erfolgswirksame Vorgänge handelt.

▷ Alternativ können Dividendeneinnahmen auch als Geldzufluss aus Investitionstätigkeit aufgeführt werden, da sie Rückflüsse aus Investitionen darstellen.

Leider erschweren solche Wahlrechte den Vergleich von Abschlüssen verschiedener Unternehmen. Es wäre wünschenswert, wenn sich die Standard setzenden Gremien zu einheitlichen Regelungen durchringen könnten.

Immerhin gilt auch hier das Prinzip der Stetigkeit, d.h., die einmal gewählte Darstellungsmethode ist über die Jahre konstant anzuwenden.

Zinsen

Einnahmen und Ausgaben für Zinsen sind in der Geldflussrechnung oder im Anhang separat auszuweisen.

Die Zinsen sollten nach Auffassung des Buchautors vorzugsweise im Betriebsbereich dargestellt werden, weil es sich um erfolgswirksame Vorgänge handelt und die Erfolgsrechnung grundsätzlich die Ausgangsbasis für die Cashflow-Berechnung bildet.

Allerdings sind nach Swiss GAAP FER und IFRS alternativ auch folgende Ausweise möglich:

▷ Zinszahlungen können als Geldabfluss im Finanzierungsbereich klassifiziert werden, weil es sich um Finanzierungskosten handelt.

▷ Zinseinnahmen können als Geldzufluss im Investitionsbereich eingeordnet werden, weil sie Rückflüsse aus Finanzinvestitionen darstellen.

Da sich der Cashflow durch das Weglassen der Zinsausgaben im Betriebsbereich erhöht, wird von diesem Wahlrecht in der Praxis reger Gebrauch gemacht.

Beispiel 6 Zinsausgaben

Die Folgen einer unterschiedlichen Darstellung der Zinsausgaben werden am Beispiel eines Flughafenbetreibers① veranschaulicht. Die Zahlen sind in Millionen Franken.

Geldflussrechnung Variante 1

Betriebsbereich (Cashflow)		
Einnahmen aus Leistungen	700	
./. Zahlungen ans Personal	– 150	
./. Zinszahlungen	– 100	
./. Zahlungen für übrigen Aufwand	– 250	200
Investitionsbereich		
./. Investitionen		– 120
Finanzierungsbereich		
./. Rückzahlung Finanzschulden	– 130	
./. Gewinnausschüttung	– 20	– 150
= Abnahme flüssige Mittel		– 70

Geldflussrechnung Variante 2

Betriebsbereich (Cashflow)		
Einnahmen aus Leistungen	700	
./. Zahlungen ans Personal	– 150	
./. Zahlungen für übrigen Aufwand	– 250	300
Investitionsbereich		
./. Investitionen		– 120
Finanzierungsbereich		
./. Rückzahlung Finanzschulden	– 130	
./. Zinszahlungen	– 100	
./. Gewinnausschüttung	– 20	– 250
= Abnahme flüssige Mittel		– 70

Bei der Analyse des Cashflows ist deshalb grundsätzlich darauf zu achten, wie die verschiedenen Wahlrechte der Rechnungslegungsstandards ausgeübt wurden. Ein besonderes Augenmerk muss dabei dem Ausweis der Zinszahlungen geschenkt werden.

① Flughäfen sind sehr kapitalintensive Betriebe. Im vorliegenden Fall beträgt die Bilanzsumme 3 Milliarden, das Fremdkapital rund 2 Milliarden Franken. Dementsprechend hoch sind die Zinszahlungen und damit die Unterschiede im Cashflow-Ausweis.

Mehrstufiger Cashflow-Ausweis

Nach schweizerischem Aktienrecht (OR 663) wird in der Erfolgsrechnung unterschieden zwischen betrieblichen und betriebsfremden sowie ausserordentlichen Aufwänden und Erträgen.

Im Kontenrahmen KMU wird der Betrieb zusätzlich aufgeteilt in Hauptbetrieb (Kontenklassen 3 bis 6) und Nebenbetriebe (Kontenklasse 7).①

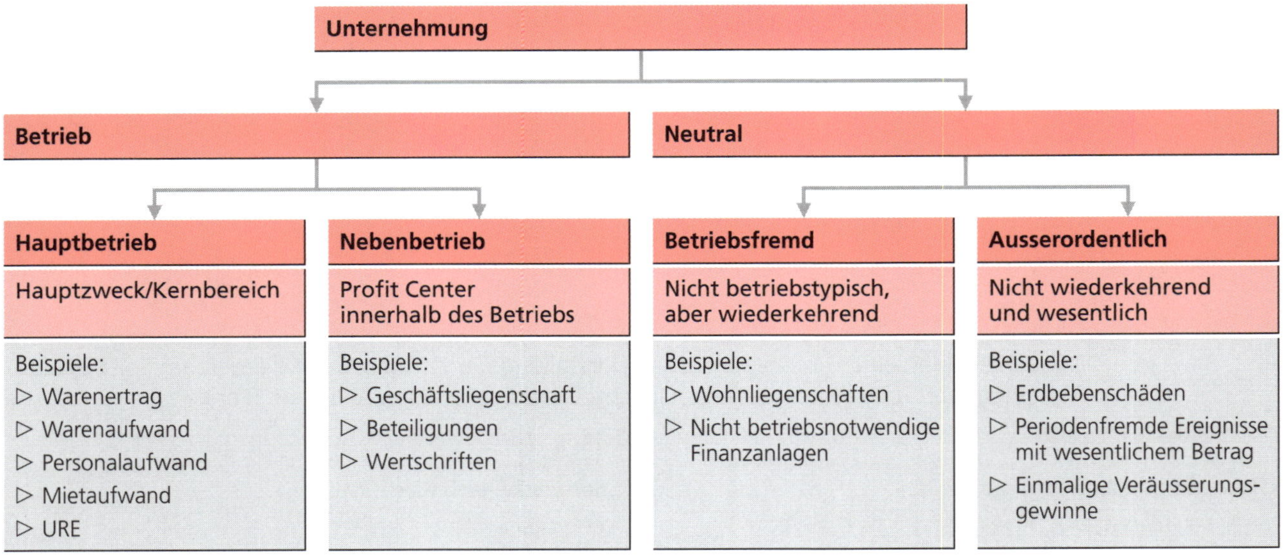

Die Erfolgsrechnung bildet grundsätzlich den Ausgangspunkt für die Cashflow-Berechnung, und deshalb lässt sich der Cashflow nach denselben Kriterien ebenfalls mehrstufig darstellen. In der Praxis sind allerdings einstufige Cashflow-Nachweise die Regel.

① Die Zuteilung der Geschäftsfälle auf die verschiedenen Unternehmensbereiche ist allerdings nicht immer eindeutig und wird in der Praxis uneinheitlich gehandhabt.

Nach IFRS und US GAAP gibt es keine ausserordentlichen oder betriebsfremden Tätigkeiten; alle Aktivitäten der Unternehmung sind als betrieblich zu betrachten.

Beispiel 7 Mehrstufige Cashflow-Berechnung

Die Archos AG wird buchhalterisch in zwei Bereiche aufgeteilt:

▷ Als Hauptbetrieb wird ein Architekturbüro geführt.

▷ Als Nebenbetrieb erfasst wird die Geschäftsliegenschaft, deren Räumlichkeiten an die Archos AG und an Dritte vermietet werden.

Erfolgsrechnung

	Honorarertrag (bei einer Debitorenzunahme von 2)	60	
./.	Personalaufwand (= Ausgaben)	– 34	
./.	Verrechneter Mietaufwand (Eigenmiete)	– 8	
./.	Abschreibungen	– 6	
./.	Bildung von Rückstellungen	– 1	
./.	Übriger Betriebsaufwand (= Ausgaben)	– 4	
=	**Gewinn Hauptbetrieb**		**7**
+	Mietertrag von Dritten (= Einnahmen)	19	
+	Verrechneter Mietertrag (Eigenmiete)	8	
./.	Hypothekarzinsen (= Ausgaben)	– 9	
./.	Abschreibung Liegenschaft	– 10	
./.	Übriger Liegenschaftsaufwand (= Ausgaben)	– 5	
=	**Gewinn Nebenbetrieb**		**3**
=	**Unternehmensgewinn**		**10**

Auf der Grundlage dieser zweistufigen Erfolgsrechnung lässt sich auch der Cashflow zweistufig berechnen:

Direkte Cashflow-Berechnung

	Zahlungen von Kunden (60 – 2)	58	
./.	Zahlungen ans Personal	– 34	
./.	Zahlungen für übrigen Aufwand	– 4	
=	**Cashflow Hauptbetrieb**		**20**
+	Zahlungen von Mietern	19	
./.	Zahlungen Hypothekarzinsen	– 9	
./.	Übrige Liegenschaftsausgaben	– 5	
=	**Cashflow Nebenbetrieb**		**5**
=	**Cashflow Unternehmung**		**25**

Indirekte Cashflow-Berechnung

	Gewinn Hauptbetrieb	7	
+	Abschreibungen	6	
+	Bildung Rückstellungen	1	
+	Verrechneter Mietaufwand	8	
./.	Debitorenzunahme	– 2	
=	**Cashflow Hauptbetrieb**		**20**
+	Gewinn Nebenbetrieb	3	
+	Abschreibung Liegenschaft	10	
./.	Verrechneter Mietertrag	– 8	
=	**Cashflow Nebenbetrieb**		**5**
=	**Cashflow Unternehmung**		**25**

Indirekter Cashflow-Nachweis mit EBIT①

In Geschäftsberichten grosser Unternehmen wird bei der indirekten Methode der Cashflow-Berechnung manchmal mit EBIT anstelle des Gewinns begonnen.

Dies hat den Vorteil, dass der von den Rechnungslegungsstandards in der Geldflussrechnung *oder* im Anhang verlangte Ausweis der bezahlten Zinsen und der bezahlten Gewinnsteuern auf einfache Weise dargestellt werden kann.

Das Beispiel zeigt die unterschiedlichen Berechnungsmöglichkeiten für den Cashflow.

Beispiel 8

Indirekter Cashflow mit EBIT

In der Ausgangslage sind die Erfolgsrechnung sowie zusätzliche Informationen gegeben:

Erfolgsrechnung

	Warenertrag	200
./.	Warenaufwand	– 120
./.	Abschreibungen	– 20
./.	Diverser Aufwand	– 41
=	**EBIT**	**19**
./.	Zinsaufwand	– 5
./.	Gewinnsteueraufwand	– 4
=	**Gewinn**	**10**

Zusätzliche Informationen

▷ Zunahme Debitoren	8
▷ Zunahme Kreditoren	5
▷ Abnahme Warenvorrat	7
▷ Zunahme aufgelaufene Zinsen (transitorische Passiven)	2
▷ Abnahme aufgelaufene Steuern (transitorische Passiven)	1

Für die Cashflow-Berechnung gibt es nebst der direkten Methode zwei verschiedene Varianten der indirekten Methode:

Cashflow direkt

	Zahlungen von Kunden	192
./.	Zahlungen an Lieferanten	– 108
./.	Zahlungen div. Aufwand	– 41
./.	Zahlungen für Zinsen	– 3
./.	Zahlungen für Steuern	– 5
=	Cashflow	35

Cashflow indirekt: Variante Gewinn

	Gewinn	10
+	Abschreibungen	20
./.	Zunahme Debitoren	– 8
+	Abnahme Warenvorrat	7
+	Zunahme Kreditoren	5
+	Zunahme TP Zinsen	2
./.	Abnahme TP Steuern	– 1
=	Cashflow	35

Cashflow indirekt: Variante EBIT

	EBIT	19
+	Abschreibungen	20
./.	Zunahme Debitoren	– 8
+	Abnahme Warenvorrat	7
+	Zunahme Kreditoren	5
+	Zahlungen für Zinsen	– 3
./.	Zahlungen für Steuern	– 5
=	Cashflow	35

① EBIT = Earnings before interest and tax (Ergebnis vor Zinsen und Steuern)

Nicht liquiditätswirksame Transaktionen

Investitions- und Finanzierungsvorgänge, welche nicht zu einer Veränderung der flüssigen Mittel führen, sind nicht in die Geldflussrechnung aufzunehmen, sondern im **Anhang** aufzuführen. Beispiele sind:

- ▷ Kapitalerhöhung durch Sacheinlagen
- ▷ Umwandlung von Finanzverbindlichkeiten in Eigenkapital (z. B. bei Wandelanleihen oder Forderungsverzichten)
- ▷ Erwerb von Vermögenswerten im Finanzierungsleasing

Konzern-Geldflussrechnung

Beim Erstellen von konsolidierten Geldflussrechnungen ergeben sich viele zusätzliche Problemstellungen, zum Beispiel:

- ▷ Erwerb und Veräusserung von Tochtergesellschaften
- ▷ Konzerninterne Guthaben und Schulden sowie Zahlungen für Lieferungen und Leistungen
- ▷ Konzerninterne Gewinnausschüttungen
- ▷ Zwischengewinne auf Lieferungen und Leistungen sowie Anlagenlieferungen
- ▷ Währungsdifferenzen bei der Umrechnung von Abschlüssen in funktionalen Währungen, die nicht der Darstellungswährung der Konzernrechnung entsprechen
- ▷ Erträge aus assoziierten Gesellschaften
- ▷ Latente Steuern, d. h. Steuerfolgen aus Differenzen zwischen der Konzernrechnung und dem Steuerabschluss

Im Rahmen dieses Lehrbuchs ist es nicht möglich, konsolidierte Geldflussrechnungen zu besprechen, weil dazu sehr gute Kenntnisse in der Konsolidierungstechnik notwendig sind.

Die Konzern-Geldflussrechnung wird ausführlich erläutert im Lehrbuch von **Prochinig/Winiger/Bertschinger: Konzernrechnung,** Kapitel 20 (Verlag SKV).

4

Finanzplanung

Alle Menschen planen, sobald sie etwas vorhaben, das sich von der täglichen Routine abhebt. Dabei ist das Grundprinzip der Planung immer dasselbe, unabhängig davon, ob eine Privatperson oder eine Unternehmung plant:

Die Planung ist ein Prozess, in dessen Verlauf
- ▷ die **Ziele** bestimmt werden
- ▷ die zur Zielerreichung führenden **Massnahmen** festgelegt und
- ▷ mit dem erforderlichen **Mitteleinsatz** koordiniert werden

Zur Veranschaulichung dieser Definition dienen zwei Beispiele:

Beispiel 1 **Privatperson**

Ziel	Sie wollen in Ihrer beruflichen Zukunft interessantere und vielfältigere Arbeiten ausführen können und dabei mehr verdienen.
Massnahmen	Sie besuchen deshalb weiterbildende Schulen und haben unter anderem das vorliegende Buch gekauft.
Finanzielle Mittel	Der Schulbesuch verursacht Ausgaben in Form von Kursgeldern, Wegkosten, Bücherkäufen und auswärtiger Verpflegung.

Beispiel 2 **Unternehmung**

Ziel	Die KV Zürich Business School hat sich zum Ziel gesetzt, zu den führenden Anbietern von Informatikkursen auf dem Platz Zürich zu gehören.
Massnahmen	Dazu müssen umfangreiche Investitionen in neueste Hard- und Software vorgenommen werden. Ausserdem werden Neueinstellungen von erfahrenen Lehrkräften sowie Mitarbeiter/innen in Verkauf, Technik und Administration notwendig. Zudem sind die räumlichen Verhältnisse anzupassen (Umbauten, Erweiterung der Raumkapazität).
Finanzielle Mittel	Der Kauf und der Unterhalt dieser Hard- und Software führt zu einmaligen und zu wiederkehrenden Ausgaben, die mittelfristig durch die Kursgelder zu decken sind. Ausserdem müssen die zusätzlichen Löhne und Raumkosten bezahlt werden können.

Im Geschäftsleben wird grundsätzlich zwischen strategischer und operativer Planung unterschieden:

Planung

Strategische Planung[1]	**Operative (kurz- bis mittelfristige) Planung**[2]
Die Geschäftsleitung legt die grobe Marschrichtung der Unternehmung (= Strategie) für die nächsten fünf bis zehn Jahre fest.	Die allgemein formulierte Strategie muss konkret umgesetzt werden in Form von quantifizierbaren (mit Zahlen fassbaren) Zielen und Massnahmen für die nächsten ein[3] bis drei Jahre.

① Der Begriff geht zurück auf das griechische Wort *stratos,* was Heer bedeutet. Unter Strategie verstand man ursprünglich die Kunst der Kriegsführung.

② Das lateinische Wort *operari* bedeutet arbeiten, sich abmühen.

Nicht eingegangen wird in diesem Lehrmittel auf die **dispositive Planung** (lateinisch *disponere* bedeutet, in einer bestimmten Reihenfolge aufstellen). Bei der dispositiven Planung geht es um die konkrete Durchführung der beschlossenen Massnahmen im Rahmen des finanz- und leistungswirtschaftlichen Geschäftsprozesses. Beispiele sind die Fertigungssteuerung, die Personaleinsatzplanung, das Bestellwesen oder die sehr kurzfristige Liquiditätsplanung. Die dispositive Planung ist eine reine Ausführungsplanung.

③ Die detaillierte Einjahresplanung wird in der Praxis **Budgetierung** genannt. Dementsprechend heissen die Jahrespläne **Budgets.**

Strategische Planung

Unternehmungen können in einer sich rasch verändernden Welt nur erfolgreich überleben, wenn sie ihr Umfeld dauernd beobachten, analysieren, Trends erkennen, Veränderungen antizipieren und sich möglichst rasch darauf einstellen. Dieser ständige Prozess des Aufspürens von Tendenzen und des kreativen Reagierens ist die Kernaufgabe des strategischen Managements.

Wirkungsvolle Reaktionen sind aber nur möglich, wenn diese auf die eigenen Fähigkeiten der Unternehmung abgestimmt sind und den Wertvorstellungen ihrer Mitarbeiter entsprechen. Deshalb gehen die Analyse der Umwelt und die Analyse der eigenen Unternehmung stets Hand in Hand:

Analyse

Umwelt
Chancen/Risiken

- ▷ Absatzmärkte
- ▷ Beschaffungsmärkte
- ▷ Technologie
- ▷ Ökonomisches Umfeld
- ▷ Soziales Umfeld
- ▷ Politisches Umfeld
- ▷ Ökologisches Umfeld

Unternehmung
Stärken/Schwächen

- ▷ Absatz (Sortiment/Preise/Absatzkanäle/Kundenzufriedenheit)
- ▷ Produktion (Kapazität/Technologie/Lager)
- ▷ Beschaffung (Qualität/Preise/Lieferanten)
- ▷ Personal (Qualifikation/Lohnniveau/Beschaffung)
- ▷ Finanzen (Wirtschaftlichkeit/Rentabilität/Liquidität/Kapitalstruktur)

Wertvorstellungen
Managementphilosophie

- ▷ Risikoneigung
- ▷ Innovationsneigung
- ▷ Wachstum
- ▷ Marktleistungsqualität
- ▷ Führungsstil
- ▷ Verhältnis zu Mitarbeitern
- ▷ Verhältnis zum Staat
- ▷ Eigentumsverhältnisse
- ▷ Gewinnausschüttungspolitik

Basierend auf der Umwelt- und Unternehmungsanalyse und unter Einbezug der Wertvorstellungen, wird die Unternehmungsstrategie erarbeitet. Im Rahmen dieses komplexen Prozesses verknüpfen erfolgreiche Unternehmer/innen die oben beschriebenen analytischen Aspekte meist mit intuitiv-visionären Vorstellungen. Nur wenn «Kopf» und «Bauch» übereinstimmen, besteht die Chance, dass die optimale Strategie gefunden werden kann.①

Da die Strategiefindung nicht Hauptaufgabe des Rechnungswesens ist, wird im Rahmen dieses Lehrbuchs nicht weiter auf die strategische Planung eingegangen.

① Der Kopf steht hier für den Intellekt, der Bauch für die Intuition: Das logisch-abstrakte, analytische Denken der linken Hirnhälfte soll gepaart werden mit dem intuitiven, anschaulich-bildhaften Fühlen der rechten Hirnhälfte.

Dieser ganzheitliche Ansatz ist nicht zufällig auch das Thema des Bildes auf dem Buchdeckel dieses Lehrmittels (vgl. Beschreibung auf der Rückseite des Buchumschlags).

Operative Planung

Diese Doppelseite zeigt schematisch die Zusammenhänge zwischen den **Teilplänen** und **Gesamtplänen** im Rahmen der operativen Planung:

Der **Umsatz- oder Absatzplan** bildet immer den Ausgangspunkt der Planung. Er wird von der Marketing- oder Verkaufsabteilung erstellt.

Die Absatzzahlen sind in der Praxis schwierig abzuschätzen, hängen sie doch stark vom Verhalten der Kundschaft und der Konkurrenz ab, von Faktoren also, die von der betreffenden Unternehmung nur teilweise beeinflusst werden können. Oft werden deshalb verschiedene Prognosen gestellt und optimistische, realistische oder pessimistische Varianten konkret durchgerechnet.

Der Umsatzplan wirkt sich in der Buchhaltung in Form von Ertrag auf die Plan-Erfolgsrechnung aus und in Form von Einnahmen auf die Plan-Geldflussrechnung. Sofern nicht alle Kunden bar bezahlen, unterscheiden sich Ertrag und Einnahmen durch die Debitorenveränderungen: Nehmen die Debitoren beispielsweise zu, bedeutet dies, dass mehr verkauft wurde, als Kunden bezahlt haben; die Erträge sind also höher als die Einnahmen.

Die **Produktions- und Verwaltungspläne** ① basieren auf den voraussichtlichen Absatzzahlen. Die Umsetzung dieser Pläne verursacht Aufwände und Ausgaben. Zu beachten ist, dass die Abschreibungen und Rückstellungsbildungen wohl Aufwand darstellen, aber keine Ausgaben. Weitere Unterschiede zwischen Aufwand und Ausgabe ergeben sich bei Kreditoren- und Vorratsveränderungen.

Der **Investitionsplan** enthält die geplanten Käufe von Anlagevermögen, die zur Erbringung der vorgesehenen Produktionsmengen erforderlich sind. Er enthält auch die Desinvestitionen, d. h. die Verkäufe von nicht mehr benötigtem Anlagevermögen.

Der **Finanzierungsplan** gibt Aufschluss über die Aussenfinanzierung, d. h. über die Deckung einer Finanzierungslücke durch Aufnahme von Fremd- oder Eigenkapital, sowie die Definanzierung, d. h. die Rückzahlung fälliger Kredite. Die Dividendenausschüttung kann wahlweise entweder als Unterschied zwischen Brutto- und Nettocashflow gezeigt werden (im Schema auf der nächsten Seite der Fall) oder als Definanzierung ausgewiesen werden.

Die buchhalterischen Auswirkungen der obigen Teilpläne werden in den Gesamtplänen zusammengefasst, was nebst der Organisation des Planungsprozesses die Hauptaufgabe des Rechnungswesens darstellt. Eine zentrale Bedeutung kommt dabei der **Plan-Geldflussrechnung** ② zu. Sie umfasst alle Einnahmen und Ausgaben einer Periode, gegliedert in Betriebs-, Investitions- und Finanzierungsbereich, und zeigt als Saldo die Veränderung der flüssigen Mittel.

Die **Plan-Erfolgsrechnung** ③ gibt als weiterer Gesamtplan einen Überblick über sämtliche Eigenkapitalveränderungen, welche durch die Geschäftstätigkeit in der Planperiode verursacht werden, und zeigt als Saldo den Erfolg.

Die **Plan-Bilanz** am Ende der Planperiode ergibt sich automatisch.

Das Zusammenwirken von Teil- und Gesamtplänen wird auf der nächsten Seite schematisch dargestellt:

① Unter Produktionsplan werden hier vereinfachend verschiedene, von Branche zu Branche unterschiedliche Teilpläne zusammengefasst, zum Beispiel die Pläne für die Materialbeschaffung, den Materialfluss und die Lagerung oder die Pläne für den Einsatz von Personen und Maschinen.

② Die Plan-Geldflussrechnung wird in der Praxis auch **Finanzplan** oder **Liquiditätsbudget** genannt.

③ Die Plan-Erfolgsrechnung wird auch **Erfolgsbudget** genannt.

Schematischer Überblick über die Teilpläne und die Gesamtpläne

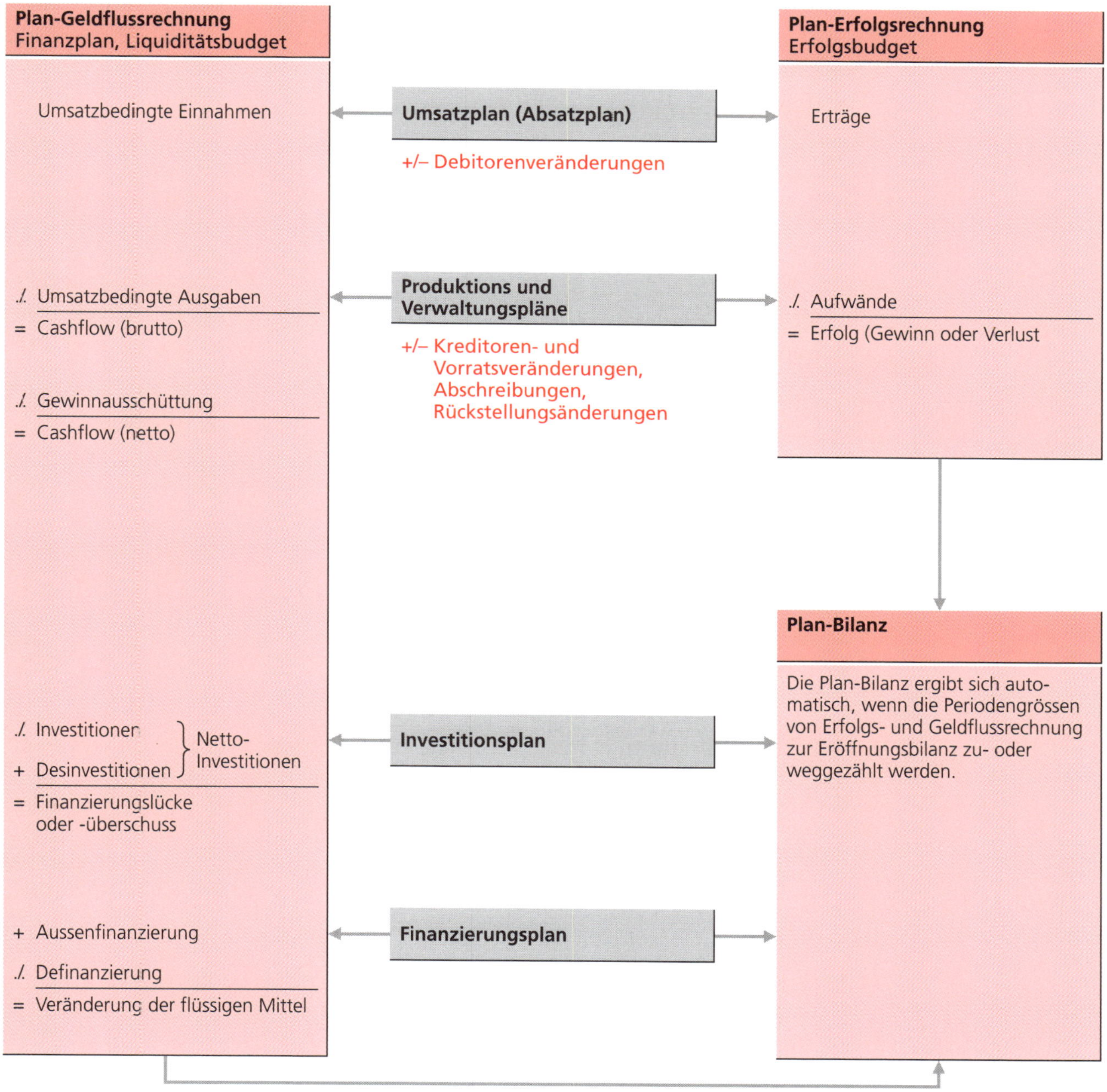

Beispiel

Plan-Geldflussrechnung (Finanzplan, Liquiditätsbudget)

	20_1①	20_2①	20_3①
Betriebsbereich			
Zahlungen von Kunden	200	220	250
./. Zahlungen an Lieferanten	– 120	– 130	– 150
./. Zahlungen ans Personal	– 30	– 35	– 38
./. Zahlungen für Miete	– 10	– 10	– 10
./. Zahlungen für übrigen Aufwand	– 15	– 15	– 17
= **Cashflow (brutto)**	**25**	**30**	**35**
./. Gewinnausschüttung②	– 12	– 15	– 18
= **Cashflow (netto)**	**13**	**15**	**17**
Investitionsbereich			
./. Investitionen (Kauf Anlagevermögen)	– 20	– 20	– 20
+ Desinvestitionen (Verkauf Anlagevermögen)	0	0	6
= **Finanzierungsüberschuss (+)③ bzw. Finanzierungslücke (–)**	**– 7**	**– 5**	**3**
Finanzierungsbereich			
+ Aussenfinanzierung (Aufnahme langfristiges Kapital)	0	10	0
./. Definanzierung (Rückzahlung langfristiges Kapital)	– 2	– 2	– 2
= **Zu- oder Abnahme der flüssigen Mittel**	**– 9**	**3**	**1**

Die **Plan-Geldflussrechnung** wird im Rahmen der operativen Planung zum wichtigen finanziellen Führungsinstrument, weil sie den Geschäfts-, den Investitions- und den Finanzierungsbereich in *einer* Rechnung zusammenfasst und sich deshalb hervorragend zur Abstimmung von gesteckten Zielen, geplanten Massnahmen und vorhandenen finanziellen Mitteln eignet.

① Bei der mittelfristigen Planung stehen die Jahre 1 bis 3 als Kolonnenüberschriften. Bei der Jahresplanung (Budgetierung) werden die Kolonnen je nach den Bedürfnissen der Liquiditätssteuerung mit Quartalen oder Monaten oder noch kürzeren Zeitabschnitten überschrieben.

② Die Gewinnausschüttung kann auch als Definanzierung ausgewiesen werden.

③ Ein Überschuss des Cashflows über die Netto-Investitionen wird in der internationalen Wirtschaftspraxis auch **Free Cashflow** genannt.

5

Cashflow-Analyse

Der Cashflow ist die aus der Geschäftstätigkeit erarbeitete Liquidität. Er stellt die wichtigste Finanzierungsquelle einer Unternehmung dar und ist deshalb eine unverzichtbare Grösse bei der Beurteilung der finanziellen Situation.

Der Cashflow als Teil der Geldflussrechnung vermittelt Informationen über die Fähigkeit der Unternehmung:

- ▷ Investitionen aus der Betriebstätigkeit zu finanzieren (ohne Aufnahme von Fremd- oder Eigenkapital von aussen)
- ▷ Gewinne auszuschütten
- ▷ Schulden zurückzuzahlen①

Zusätzliche Informationen zur Finanzlage einer Unternehmung lassen sich durch die Bildung von **Cashflow-Kennzahlen** gewinnen.

Die gängigsten Cashflow-Kennzahlen werden im Beispiel auf der nächsten Seite vorgestellt.

① Um diese gewünschten Informationen sichtbar zu machen, werden die Geldflüsse in der Geldflussrechnung in die bekannten drei Bereiche gegliedert:

- ▷ Betriebstätigkeit
- ▷ Investierung
- ▷ Finanzierung

Dieser Aufbau ermöglicht der Leserin und dem Leser, sich ein Urteil darüber zu bilden, ob die Unternehmung fähig ist, aus der Betriebstätigkeit genügend Geld (Cashflow) zu erarbeiten, um die Investitionen zu finanzieren, den Eigentümern eine angemessene Dividende zu zahlen und Schulden zu tilgen.

Beispiel 1 Cashflow-Kennzahlen

Grundlage für die Kennzahlen-Ermittlung bilden die drei Jahresrechnungen eines Handelsbetriebs:

Schlussbilanz

Aktiven	
Flüssige Mittel	3
Forderungen	11
Vorräte	16
Anlagevermögen	70
	100
Passiven	
Operatives Fremdkapital	12
Finanzielles Fremdkapital	38
Eigenkapital	50
	100

Erfolgsrechnung

Warenertrag (Umsatz)	200
./. Warenaufwand	– 110
./. Personalaufwand	– 40
./. Übriger Baraufwand	– 20
EBITDA①	**30**
./. Abschreibungen②	– 16
EBIT	**14**
./. Zinsaufwand	– 2
Gewinn vor Steuern	**12**
./. Steuern	– 4
Gewinn nach Steuern	**8**

Geldflussrechnung

Betriebsbereich		
Zahlungen von Kunden	193	
./. Zahlungen an Lieferanten	– 107	
./. Zahlungen ans Personal	– 40	
./. Zahlungen für Zinsen	– 2	
./. Zahlungen übriger Aufw.	– 20	
./. Zahlungen für Steuern	– 4	
Cashflow		**20**
Investitionsbereich		
./. Käufe Anlagevermögen	– 13	
+ Verkäufe Anlagevermögen	3	
Nettoinvestitionen		– 10
Free Cashflow		**10**
Finanzierungsbereich		
+ Aufnahme Aktienkapital	5	
./. Rückzahlung Hypothek	– 2	
./. Gewinnausschüttung	– 9	– 6
Zunahme flüssige Mittel		**4**

Closing balance sheet

Assets	
Cash	3
Accounts receivable	11
Inventories	16
Fixed assets	70
	100
Liabilities and equity	
Operating liabilities	12
Financial liabilities	38
Equity	50
	100

Income statement

Sales (turnover)	200
./. Cost of goods sold	– 110
./. Personnel expenses	– 40
./. Other expenses	– 20
EBITDA①	**30**
./. Depreciation + amortization②	– 16
EBIT	**14**
./. Paid interest	– 2
Net income before tax	**12**
./. Tax	– 4
Net income	**8**

Cash flow statement

Cash flows from operating activities		
Cash collections from customers	193	
./. Cash payments to suppliers	– 107	
./. Cash payments to employees	– 40	
./. Cash payments for interest	– 2	
./. Other cash payments	– 20	
./. Cash payments for taxes	– 4	
(Operating) cash flow		**20**
Cash flows from investing activities		
./. Cash payments for purchase of fixed assets	– 13	
+ Proceeds from sale of fixed assets	3	
Net investments		– 10
Free cash flow		**10**
Cash flows from financing activities		
+ Issue of share capital	5	
./. Repayments of mortgage	– 2	
./. Dividends paid	– 9	– 6
Increase in cash		**4**

①–② Fussnoten siehe nächste Seite.

Je nach Problemstellung, Branche und wirtschaftlichem Umfeld lassen sich verschiedene Cashflow-Kennzahlen bilden. Die wichtigsten sind:

A	**Cashflow/Investitions-Verhältnis**	Cashflow / Nettoinvestitionen	20 / 10	**200%**
	Cash flow/investment ratio	Cash flow / Net investments		
B	**Verschuldungsfaktor**	Effektivverschuldung③ / Cashflow	36 / 20	**1,8**
	Dept coverage factor	Liabilities ./. cash ./. accounts receivable / Cash flow		
C	**Zinsdeckungsfaktor**	Cashflow vor Zinsen / Zinsen	22 / 2	**11**
	Interest coverage factor	Cash flow + interest / Interest		
D	**Cashflow-Marge**	Cashflow / Umsatz	20 / 200	**10%**
	Cash flow margin (Cash flow to sales)	Cash flow / Sales		

Diese Kennzahlen werden auf den nächsten Seiten unter den entsprechenden Buchstaben kurz besprochen.

① EBITDA = Earnings before interest, tax, depreciation and amortization (Ergebnis vor Zinsen, Steuern und Abschreibungen).

② Unter Abschreibungen werden die Abschreibungen von Sachanlagen (= depreciation) und die Abschreibungen von immateriellem Anlagevermögen (= amortization) zusammengefasst. Die (in diesem Beispiel nicht vorkommenden) Abschreibungen von Finanzanlagen sind im Finanzergebnis auszuweisen.

③ Die Effektivverschuldung am Jahresende wird wie folgt ermittelt:

Fremdkapital (kurz- und langfristig)	50
./. Flüssige Mittel	– 3
./. Kurzfristige Forderungen	– 11
= Effektivverschuldung	36

A Cashflow/Investitions-Verhältnis

Das Cashflow/Investitions-Verhältnis gibt an, ob die Unternehmung genügend Cashflow erwirtschaftet, um damit die Investitionen bezahlen zu können.

Der Kennzahlenwert sollte deutlich über 100% sein: Eine Unternehmung muss mehr Cashflow erwirtschaften, als für die Investitionen benötigt wird, um darüber hinaus die Gewinnausschüttungen sowie allfällige Schuldenrückzahlungen zu finanzieren.

Ein Kennzahlenwert unter 100% bedeutet, dass die Unternehmung zur Finanzierung der Investitionen entweder verzinsliches Fremdkapital aufnehmen oder gewinnberechtigtes Eigenkapital beschaffen muss.

Als Differenz zwischen dem Cashflow und den Nettoinvestitionen ergibt sich der **Free Cashflow.** Er heisst so, weil dieses Geld nach Bezahlung der Nettoinvestitionen für Gewinnausschüttungen und Schuldentilgungen frei zur Verfügung steht. Eine Unternehmung hat grundsätzlich nur dann etwas Wert, wenn sie langfristig einen positiven Free Cashflow erwirtschaften kann.①

Beispiel 2

Cashflow und Investitionen

Die Grafik aus einem früheren Geschäftsbericht der **Migros** zeigt, wie das Wachstum des Konzerns hauptsächlich durch die Höhe des erarbeiteten Cashflows bestimmt wird. Da Migros keine Gewinne ausschüttet und keine Schulden tilgen muss, steht der gesamte Cashflow für Investitionen zur Verfügung.

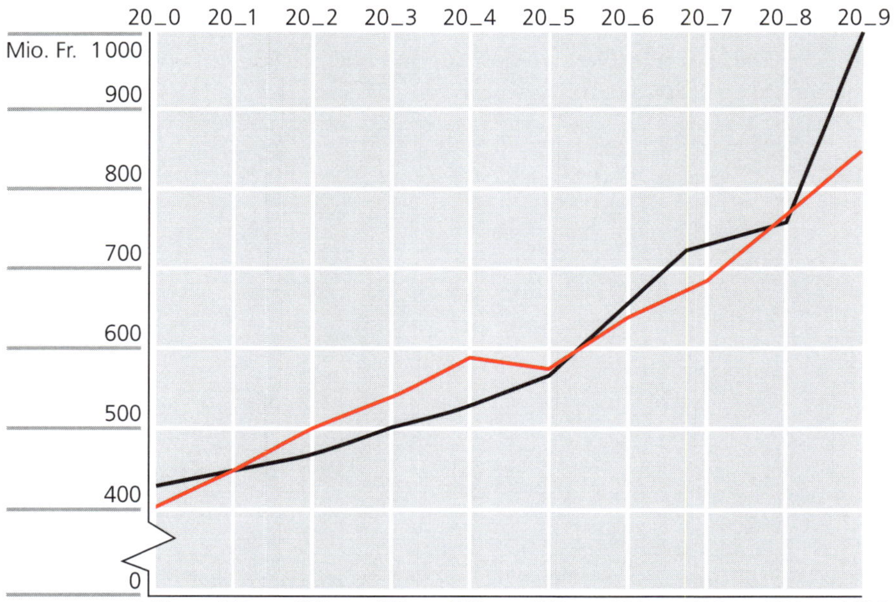

	20_0	20_1	20_2	20_3	20_4	20_5	20_6	20_7	20_8	20_9
Investitionen	**441**	**451**	**472**	**490**	**520**	**557**	**644**	**726**	**754**	**1008**
Cashflow	**418**	**457**	**495**	**535**	**590**	**572**	**635**	**682**	**767**	**843**

① Die Discounted Cashflow-Methode zur Unternehmensbewertung wird erklärt bei Leimgruber/Prochinig: Investitionsrechnung, Kapitel 5 (Verlag SKV).

B Verschuldungsfaktor

Der Verschuldungsfaktor gibt an, wievielmal (wie manches Jahr) der letzte Cashflow erarbeitet werden müsste, bis die Effektivverschuldung abbezahlt wäre.

Je tiefer der Verschuldungsfaktor ist, desto mehr Sicherheit besteht für die Gläubiger. Werte bis 5 gelten aus Sicht von Kreditgebern als sehr gut.

Die Aussagekraft des Verschuldungsfaktors als Sicherheitskennzahl ist vor allem in Vergleichen über einen Zeitraum gross, weil eine ungünstige finanzielle Entwicklung rasch und deutlich angezeigt wird: Bei wachsender Gefährdung der Unternehmung erhöht sich der Verschuldungsfaktor überproportional, da zugleich der Cashflow (der Nenner im Bruch) sinkt und die Effektivverschuldung (der Zähler im Bruch) steigt.

Der Verschuldungsfaktor ist in der Praxis sehr beliebt für die Bonitätsbeurteilung und die Kreditüberwachung, weil er sich vorzüglich zur Insolvenzprognose eignet (Insolvenz = Zahlungsunfähigkeit).

C Zinsdeckungsfaktor

Der Zinsdeckungsfaktor gibt an, wie gut die Fremdzinsen aus der Geschäftstätigkeit bezahlt werden können.

Während beim Verschuldungsfaktor die Höhe der Schulden im Vordergrund steht, liegt der Fokus beim Zinsdeckungsfaktor auf der durch die Verschuldung verursachten Zinsbelastung.

Der Zinsdeckungsfaktor wird in der Praxis häufig zur Bonitätsbeurteilung und zur Kreditüberwachung eingesetzt: Je höher der Zinsdeckungsfaktor ist, desto mehr Sicherheit besteht für den Kreditgeber. Werte über 5 gelten als sehr gut.

D Cashflow-Marge

Die Cashflow-Marge ist Teil der Umsatzanalyse. Sie gibt an, wie viel Prozent des Umsatzes unter dem Strich als Geldzufluss verbleibt.

Da die Umsatz- bzw. die Betriebstätigkeit die Ursache für den Cashflow darstellt, ist die Cashflow-Marge gleichsam die Mutter aller Cashflow-Kennzahlen: Bei zu kleiner Cashflow-Marge sind meist auch alle anderen Cashflow-bezogenen Kennzahlen ungenügend.

Die Höhe der Cashflow-Marge ist sehr stark branchenabhängig, sodass keine Aussage über die «richtige» Höhe des Prozentsatzes gemacht werden kann.

Bei der Unternehmensanalyse muss nebst dem Branchenvergleich vor allem der Entwicklung des Kennzahlenwerts über einen Zeitraum gebührend Beachtung geschenkt werden.

Eine ausführliche Besprechung dieser und anderer Cashflow-Kennzahlen finden Sie bei Leimgruber/Prochinig: Bilanz- und Erfolgsanalyse, Kapitel 5 (Verlag SKV).

6

Mittelflussrechnung zum Fonds Nettoumlaufvermögen (NUV)

Die Liquidität kann mithilfe von verschiedenen Grössen beurteilt werden: In der statischen Liquiditätsanalyse wird mit den Liquiditätsgraden 1 bis 3 gearbeitet (vgl. Seite 14, unten), in der Mittelflussrechnung mit verschiedenen Fondstypen.

In den bisherigen Kapiteln dieses Lehrbuchs wurden ausschliesslich **Geldflussrechnungen** besprochen, d. h., den Mittelflussrechnungen lagen immer die **flüssigen Mittel** oder die **netto-flüssigen Mittel** als Fondstypus zugrunde. Dies deshalb, weil die Geldflussrechnung die sinnvollste aller Mittelflussrechnungen darstellt und darum für börsenkotierte Unternehmen von allen Rechnungslegungsstandards zwingend vorgeschrieben wird.①

Nicht börsenkotierte Unternehmen in der Schweiz sind in der formellen Ausgestaltung von Mittelflussrechnungen frei, und viele kleinere und mittlere Betriebe verwenden für Mittelflussrechnungen immer noch das NUV.

Das Nettoumlaufvermögen wird als Differenz zwischen dem Umlaufvermögen und dem kurzfristigen Fremdkapital berechnet:

Nettoumlaufvermögen

	Umlaufvermögen
./.	Kurzfristiges Fremdkapital
=	Nettoumlaufvermögen

In diesem Kapitel wird zuerst anhand eines Beispiels gezeigt, wie Mittelflussrechnungen zum Fonds NUV aufzustellen sind. Zum Vergleich wird im selben Beispiel auch die Geldflussrechnung erstellt. Anschliessend erfolgt eine kritische Beurteilung.

① Die US GAAP wurden vor mehr als 20 Jahren auf Geldflussrechnungen umgestellt, die IFRS vor mehr als 10 Jahren. Ab 2007 sind auch nach Swiss GAAP FER nur noch Geldflussrechnungen erlaubt.

Beispiel

Mittelflussrechnung zum NUV

Dem Jahresabschluss eines Handelsbetriebs können folgende Informationen entnommen werden:

Schlussbilanzen

Aktiven | Passiven

	20_1	20_2		20_1	20_2
Flüssige Mittel	20	17	Kreditoren	100	110
Debitoren	60	80	Hypotheken	78	96
Warenvorrat	50	90	Eigenkapital	102	124
Anlagevermögen	150	143			
	280	330		280	330

Erfolgsrechnung 20_2

Warenertrag	500
./. Warenaufwand	– 300
./. Personalaufwand (= Ausgaben)	– 80
./. Abschreibungen	– 40
./. Übriger Aufwand (= Ausgaben)	– 50
= Gewinn	**30**

Zusätzliche Angaben

- ▷ Alle Ein- und Verkäufe von Waren erfolgten auf Kredit.
- ▷ Es wurden Anlagevermögen zum Buchwert von 7 veräussert und neue Anlagen für 40 erworben.
- ▷ Die Gewinnausschüttung betrug 8.

Aufgrund der Angaben im Beispiel lässt sich die Mittelflussrechnung zum Fondstypus *Nettoumlaufvermögen* erstellen.

Zum Vergleich ist auf der rechten Seite die Mittelflussrechnung zum Fonds *flüssige Mittel* abgebildet, die auf denselben Zahlen basiert.

Mittelflussrechnung zum NUV 20_2

	Betriebsbereich (direkt)		
	Warenertrag	500	
./.	Warenaufwand	– 300	
./.	Personalaufwand	– 80	
./.	Übriger Aufwand	– 50	70
	Investitionsbereich		
./.	Kauf von Anlagevermögen	– 40	
+	Verkauf Anlagevermögen	7	– 33
	Finanzierungsbereich		
+	Erhöhung Hypotheken	18	
./.	Gewinnausschüttung	– 8	10
=	**Zunahme NUV**		**47**

Geldflussrechnung 20_2

	Betriebsbereich (direkt)		
	Zahlungen von Kunden (500–20)	480	
./.	Zahlungen an Lieferanten (300+40–10)	– 330	
./.	Zahlungen ans Personal	– 80	
./.	Zahlungen für übrigen Aufwand	– 50	20
	Investitionsbereich		
./.	Kauf von Anlagevermögen	– 40	
+	Verkauf Anlagevermögen	7	– 33
	Finanzierungsbereich		
+	Erhöhung Hypotheken	18	
./.	Gewinnausschüttung	– 8	10
=	**Abnahme flüssige Mittel**		**– 3**

Der Betriebsbereich kann alternativ auch nach der indirekten Methode dargestellt werden:

	Betriebsbereich (indirekt)		
	Gewinn	30	
+	Abschreibungen	40	70

	Betriebsbereich (indirekt)		
	Gewinn	30	
+	Abschreibungen	40	
./.	Zunahme Debitoren	– 20	
./.	Zunahme Warenvorrat	– 40	
+	Zunahme Kreditoren	10	20

Die Fondszunahmen aus Betriebstätigkeit werden im deutschen Sprachraum auch als **Cashflow** bezeichnet. Diese Wortwahl stimmt bei der Geldflussrechnung; hingegen fliesst bei der Mittelflussrechnung zum NUV nicht Geld, sondern eben Nettoumlaufvermögen. Deshalb sollte der Begriff Cashflow im Zusammenhang mit NUV-Rechnungen vermieden werden.

Die Fondsveränderungen gemäss Beispiel lassen sich zur Kontrolle über die Bilanzkonten wie folgt nachweisen (AB = Anfangsbestand, SB = Schlussbestand):

Veränderungen Fonds NUV

	AB	SB	+/–
Flüssige Mittel	20	17	– 3
+ Debitoren	60	80	+ 20
+ Warenvorrat	50	90	+ 40
./. Kreditoren	– 100	– 110	– 10
= Nettoumlaufvermögen	30	77	+ 47

Veränderung Fonds flüssige Mittel

	AB	SB	+/–
Flüssige Mittel	20	17	– 3

Beim Vergleich der beiden Rechnungen fällt auf, dass die Zunahme des NUV aus Betriebstätigkeit 70 beträgt, während der Geldfluss aus Betriebstätigkeit nur 20 beträgt. Welche Information ist für die Adressaten relevanter?

Die **Vorratszunahme** von 40 wird im Fonds NUV als Zunahme und damit als Liquiditätsverbesserung erfasst, was aus folgenden Gründen problematisch ist:

- ▷ Grundsätzlich ist eine Lagererhöhung zunächst einmal eine Liquiditätsverschlechterung, da die eingekauften Waren bezahlt werden mussten.
- ▷ Eine Vorratszunahme ist sehr oft ein warnender Hinweis auf schleppenden Geschäftsgang, ungünstige Einkaufspolitik, Absatzstockungen oder sinkenden Lagerumschlag.
- ▷ Sofern die Lagerzunahme auf die Ausdehnung der Geschäftstätigkeit zurückzuführen ist, hat sie eher den Charakter einer Investition, was aber ebenfalls eine Liquiditätsverschlechterung darstellt.
- ▷ Das heutige Leben hat das Zeitalter der Tauschwirtschaft überwunden, und deshalb sind Waren grundsätzlich kein Zahlungsmittel. Eine Betreibung kann üblicherweise nur durch die Bezahlung von Geld abgewendet werden; ein hohes Nettoumlaufvermögen ist unbehelflich.

Die **Debitorenzunahme** von 20 wird bei der Mittelflussrechnung zum NUV als Liquiditätsverbesserung ausgewiesen, was wiederum fraglich ist:

- ▷ Die Debitorenzunahme kann auf zögerliches Zahlungsverhalten von Kunden hinweisen, was einer Verschlechterung der Liquiditätssituation gleichkommt. Zahlungsprobleme von grossen Kunden führen in der Praxis oft auch zu Liquiditätsengpässen beim Gläubiger.
- ▷ Sofern die Debitorenzunahme auf einer Umsatzsteigerung beruht, trägt sie wie die Lagerzunahme eher den Charakter einer Investition.

Verschiedene Untersuchungen ergaben, dass bei einer Verschlechterung der Geschäftslage der Fonds NUV weniger rasch reagiert als der Fonds flüssige Mittel, weshalb Letzterer den besseren **Frühindikator** für spätere Insolvenzen darstellt.

Dieser Sachverhalt kann durch folgende Grafik veranschaulicht werden. Dargestellt werden wichtige Grössen eines amerikanischen Industriebetriebs während der letzten zehn Jahre vor dem Konkurs.①

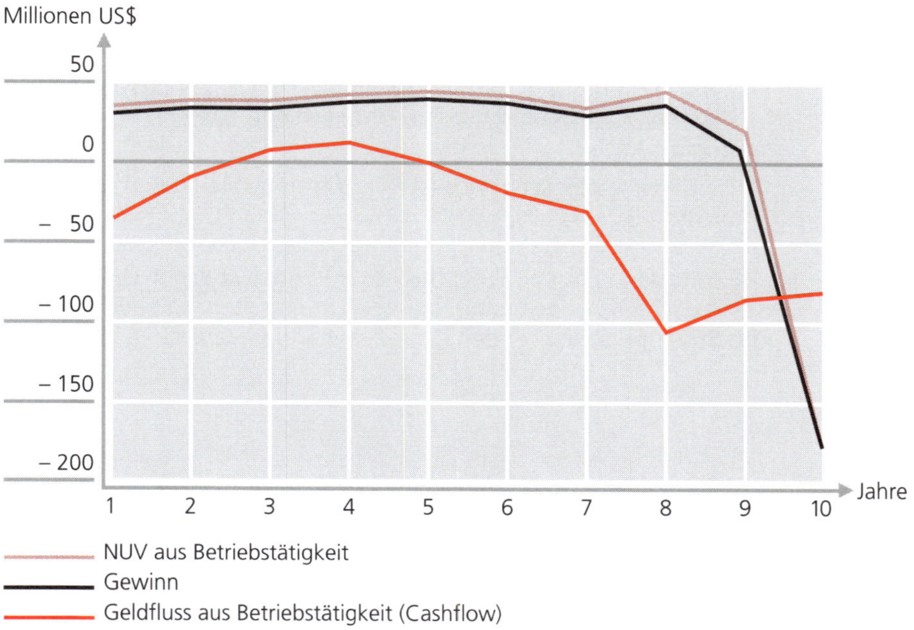

① Die Zahlen stammen aus einem Diskussionspapier des US-amerikanischen FASB (Financial accounting standards board).

Zusammenfassung

Mittelflussrechnungen sollten Aufschluss geben über

▷ die Liquiditätsentwicklung

▷ die Investierungsvorgänge

▷ die Finanzierungsmassnahmen

innerhalb vergangener oder künftiger Geschäftsperioden.

Geldflussrechnungen erfüllen diesen dreifachen Informationszweck besser:

▷ Zwar bestehen bei der Darstellung der Investierungsvorgänge und der Finanzierungsmassnahmen praktisch keine Unterschiede zwischen dem Fonds NUV und dem Fonds flüssige Mittel.

▷ Hingegen stellt der Fonds NUV keine sinnvolle, kürzerfristig relevante Liquiditäts-Messgrösse dar.

Abschliessend sei erwähnt, dass es zur Analyse einer Unternehmung grundsätzlich kein starres Schema geben kann, das allen praktischen Anwendungen gerecht wird. Wichtig ist das Studium der *hinter* den Zahlen stehenden wirklichen Geschäftsvorgänge.

Aufgaben

Geldflussrechnung: Grundlagen

2.01[1]

Die Bilanz ist die älteste Jahresrechnung. In ihr werden die Aktiven und Passiven einander wie zwei Waagschalen (ital. bilancia = Waage) gegenübergestellt.

Im Rahmen der finanziellen Unternehmensführung kann die Bilanz schematisch wie folgt gegliedert werden:

Bilanz

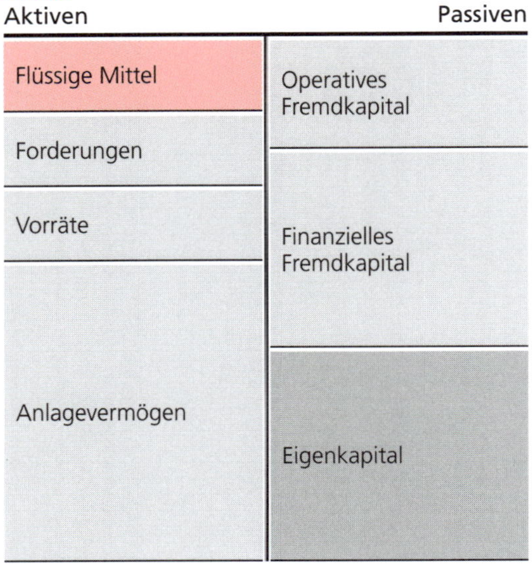

a) Woraus setzen sich die flüssigen Mittel zusammen?

b) Welche Konten gehören zum operativen bzw. zum finanziellen Fremdkapital?
Nach welchen Gesichtspunkten erfolgt die Gliederung des Fremdkapitals im obigen Schema?

c) Warum wird das Eigenkapital auch Reinvermögen (oder Nettovermögen) genannt?

d) Wie verändert sich das Eigenkapital durch Aufwand und Ertrag?

e) Was sind Einnahmen und Ausgaben?

[1] Zu Kapitel 1 gibt es keine Aufgaben.

f) Nennen sie für die folgenden Geschäftsfälle die Buchungssätze, und kreuzen Sie an, ob es sich um Einnahmen, Ausgaben, Aufwände oder Erträge handelt.

Nr.	Geschäftsfall	Buchungssatz	Einnahme	Ausgabe	Aufwand	Ertrag
1	Barkauf einer Maschine **(= Investition)**		☐	☐	☐	☐
2	Erhöhung des Aktienkapitals durch Barliberierung **(= Aussenfinanzierung)**		☐	☐	☐	☐
3	Rückzahlung einer Hypothek **(= Definanzierung)**		☐	☐	☐	☐
4	Barverkauf eines gebrauchten Fahrzeugs zum Buchwert **(= Devestition)**		☐	☐	☐	☐
5	Warenverkauf gegen bar		☐	☐	☐	☐
6	Warenverkauf gegen Rechnung		☐	☐	☐	☐
7	Bankbelastung für Mietzinse		☐	☐	☐	☐
8	Abschreibung einer Maschine		☐	☐	☐	☐
9	Bankbelastung für Lohnzahlungen		☐	☐	☐	☐

2.02

M. Jutzeler betreibt eine **Fahrschule** in der Form einer Einzelunternehmung. Als Ergebnis der Betriebstätigkeit liegt folgende Erfolgsrechnung vor:

Erfolgsrechnung 20_1

Aufwand		Ertrag	
Personalaufwand	42 000	Autofahrstunden	75 000
Benzinverbrauch	9 000		
Unterhalt und Reparaturen	2 000		
Fahrzeugsteuern und -versicherungen	4 000		
Abschreibung Fahrzeug	10 000		
Gewinn	**8 000**		
	75 000		75 000

a) Welche Bilanzposition hat sich in dieser Periode aufgrund der Betriebstätigkeit um Fr. 8000.– erhöht?

b) Um wie viel erhöhte sich in dieser Periode der Geldbestand (die flüssigen Mittel) durch die Betriebstätigkeit, d.h., wie gross ist der Cashflow?

Cashflow-Berechnung

Direkte Berechnung

Geldwirksamer Ertrag (Einnahmen)

./. Geldwirksamer Aufwand (Ausgaben)

= Cashflow

Erfolgsrechnung

Geldwirksamer Aufwand	Geldwirksamer Ertrag
Abschreibungen	
Gewinn	

Indirekte Berechnung (Überleitung)

Gewinn

\+ Differenz zwischen Gewinn und Cashflow

= Cashflow

Erfolgsrechnung

Geldwirksamer Aufwand	Geldwirksamer Ertrag
Abschreibungen	
Gewinn	

c) Warum wird die indirekte Cashflow-Berechnung auch Überleitung genannt?

2.03

Am 1. Januar 20_1 verfügte das **Putzinstitut** Blitzblank GmbH über einen Kassenbestand von Fr. 3 000.– sowie ein Bankguthaben von Fr. 17 000.–. Die Betriebstätigkeit für das Jahr 20_1 wurde in der Erfolgsrechnung festgehalten:

Erfolgsrechnung 20_1

Aufwand		Ertrag	
Personalaufwand	50 000	Ertrag aus Reinigung (bar)	80 000
Abschreibungen Putzmaschinen und Fahrzeug	10 000		
Übriger Baraufwand	14 000		
Gewinn	**6 000**		
	80 000		80 000

a) Berechnen Sie den Cashflow für 20_1 auf direkte und indirekte Weise.

Cashflow-Berechnung

Direkte Berechnung	
= **Cashflow**	

Indirekte Berechnung (Überleitung)	
= **Cashflow**	

b) Anfang 20_2 möchte die GmbH ein neues Geschäftsauto für Fr. 32 000.– gegen Barzahlung kaufen. Reichen die flüssigen Mittel, sofern das alte Auto noch zum Buchwert von Fr. 4 000.– an Zahlung gegeben werden kann? (Die Antwort ist rechnerisch zu belegen.)

2.04

Als Ausgangslage sind die Eröffnungsbilanz sowie die summarisch zusammengefassten Geschäftsfälle einer **Privatschule** bekannt (alles Kurzzahlen).

Eröffnungsbilanz 1. 1. 20_1

Aktiven		Passiven	
Flüssige Mittel	20	Darlehen	70
Sachanlagen	200	Aktienkapital	100
		Reserven	42
		Gewinnvortrag	8
	220		220

Geschäftsfälle 20_1

Nr.	Geschäftsfall	Buchungssatz		Betrag
1	Einzahlungen der Schulgelder aufs Bankkonto	Flüssige Mittel	Schulgeldertrag	300
2	Personalaufwand	Personalaufwand	Flüssige Mittel	150
3	Übriger Baraufwand (u.a. Mietzinse, Energieverbrauch, Kapitalzinsen, Versicherungsprämien, Schulmaterialverbrauch)	Übriger Aufwand	Flüssige Mittel	110
4	Abschreibung Einrichtungen	Abschreibungen	Sachanlagen	30
5	Barkauf von Sachanlagen	Sachanlagen	Flüssige Mittel	60
6	Barverkauf von nicht mehr benötigten Sachanlagen zum Buchwert	Flüssige Mittel	Sachanlagen	5
7	Der Vorjahresgewinn wird zur Bildung von Reserven verwendet.	Gewinnvortrag	Reserven	8
8	Teilrückzahlung Darlehen (Bankzahlung)	Darlehen	Flüssige Mittel	20
9	Aktienkapitalerhöhung zum Nominalwert durch Barliberierung	Flüssige Mittel	Aktienkapital	50
10	Übertrag des Gewinnes auf den Gewinnvortrag	Erfolgsrechnung	Gewinnvortrag	?

Lösen Sie die Aufgaben auf den nächsten vier Seiten.

a) Erstellen Sie die Erfolgsrechnung.

Erfolgsrechnung 20_1

Aufwand		Ertrag	

b) Ermitteln Sie den Cashflow nach der direkten und der indirekten Methode.

Cashflow-Berechnung

Direkte Berechnung

Einnahmen von Schulgelderträgen	
./. Ausgaben für Personalaufwand	
./. Ausgaben für übrigen Aufwand	
= Cashflow	

Indirekte Berechnung

Gewinn	
+	
= Cashflow	

Erfolgsrechnung

Aufwand	Ertrag
Geldwirksamer Aufwand (Ausgaben)	Geldwirksamer Ertrag (Einnahmen)
Abschreibungen	
Gewinn	

Erfolgsrechnung

Aufwand	Ertrag
Geldwirksamer Aufwand (Ausgaben)	Geldwirksamer Ertrag (Einnahmen)
Abschreibungen	
Gewinn	

c) Erstellen Sie die Geldflussrechnung in Kontoform. Der Cashflow ist indirekt auszuweisen.

Geldflussrechnung 20_1

Einnahmen				Ausgaben		
Cashflow (Innenfinanzierung)				**Investierung**		
Aussenfinanzierung				**Definanzierung**		
Desinvestierung						

d) Wie lautet die Schlussbilanz?

Schlussbilanz 31. 12. 20_1

Aktiven		Passiven	
Flüssige Mittel		Darlehen	
Sachanlagen		Aktienkapital	
		Reserven	
		Gewinnvortrag	

e) Vervollständigen Sie den schematischen Überblick über die drei Gesamtrechnungen der Finanzbuchhaltung. Die grafischen Darstellungen sind nicht massstabsgetreu.

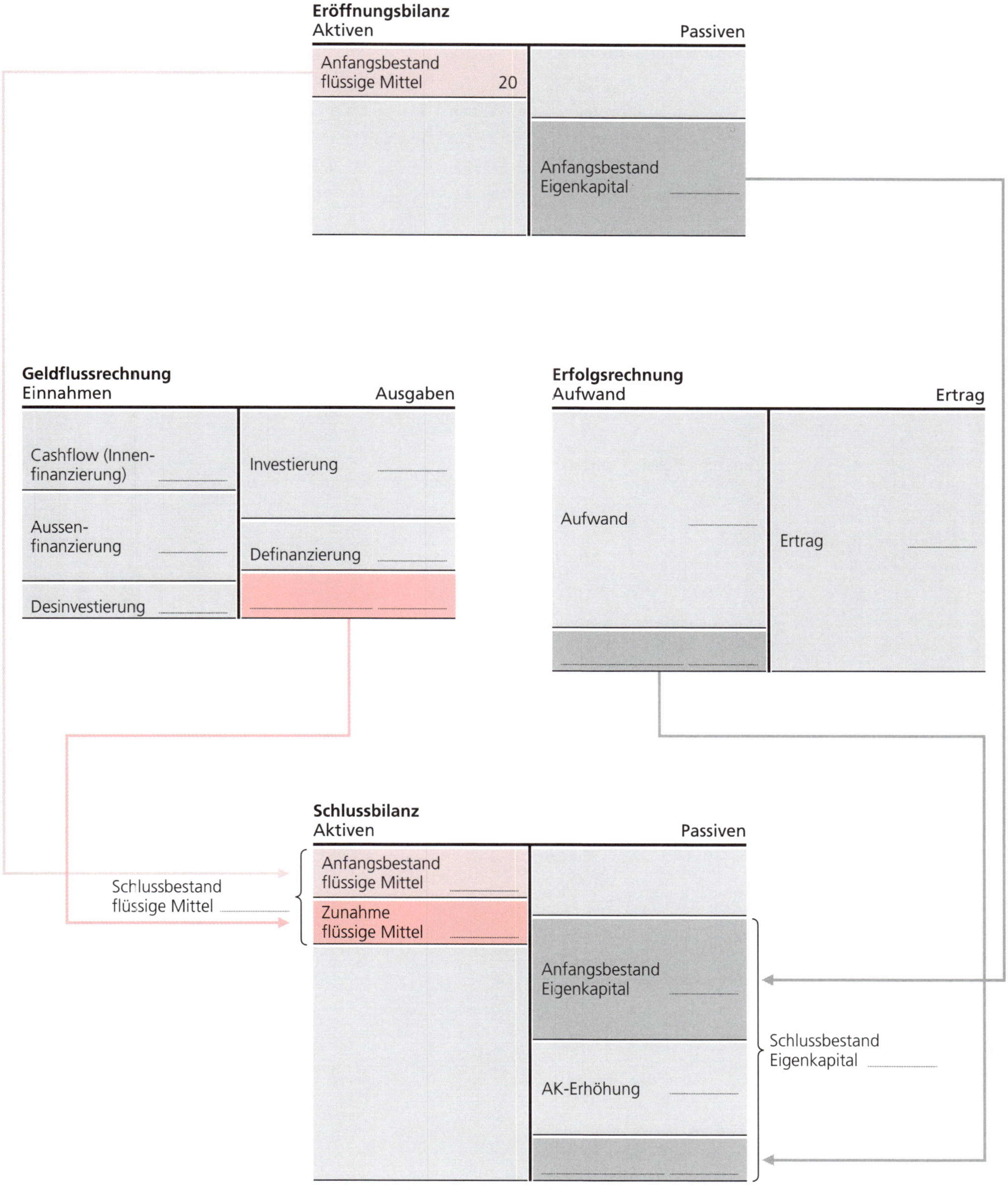

f) Erstellen Sie die Geldflussrechnung in Berichtsform. Der Cashflow ist indirekt auszuweisen.

Geldflussrechnung (in Berichtsform)

Betriebsbereich (Cashflow)			
+			
Investierungsbereich			
./.			
+			
Finanzierungsbereich			
+			
./.			
= Zunahme flüssige Mittel			

2.05

Vervollständigen Sie die Jahresrechnungen der **Gartenbau** M. Schwaiger mit Texten und Zahlen.

Eröffnungsbilanz

Aktiven		Passiven	
Flüssige Mittel	18	Bankdarlehen	28
Sachanlagen	100	Eigenkapital	90
	118		118

Geldflussrechnung

./.		Werkzeuge	– 7	
./.		Fahrzeug		
+		Fahrzeug zum Buchwert	9	
=				**– 11**

Erfolgsrechnung

	Ertrag Gartenarbeiten (bar)	200
./.	Personalaufwand (bar)	– 110
./.	Übriger Aufwand (bar)	– 65
=	**Gewinn**	**15**

Cashflow indirekt

Schlussbilanz

Aktiven		Passiven	
Flüssige Mittel		Bankdarlehen	20
Sachanlagen		Eigenkapital	

2.06

Vom **Taxiunternehmen** R. Schmidt sind die Eröffnungsbilanz sowie die summarisch zusammengefassten Geschäftsfälle bekannt.

Eröffnungsbilanz 1. 1. 20_1

Aktiven		Passiven	
Flüssige Mittel	20	Darlehen	70
Fahrzeuge	130	Eigenkapital	80
	150		150

Geschäftsfälle 20_1

Nr.	Geschäftsfall	Betrag
1	Bareinnahmen aus Taxifahrten	280
2	Bankzahlungen für Personalaufwand	200
3	Übriger Baraufwand	25
4	Abschreibungen Fahrzeuge	35
5	Barkauf eines neuen Fahrzeugs	50
6	Barverkauf eines gebrauchten Fahrzeugs zum Buchwert	7
7	Rückzahlung Darlehen durch Bankzahlung	10
8	Gewinnausschüttung an Geschäftsinhaber (private Bargeldbezüge)	16
9	Übertrag des Gewinnes aufs Eigenkapital	?

a) Welche Rechtsform hat dieser Taxibetrieb?

b) Nennen Sie fünf Beispiele für übrigen Baraufwand.

c) Erstellen Sie auf der nächsten Seite folgende Rechnungen:
- ▷ Erfolgsrechnung
- ▷ Geldflussrechnung
- ▷ Indirekter Cashflow-Nachweis
- ▷ Schlussbilanz

d) Wie beurteilen Sie die finanzielle Situation dieser Unternehmung?

Geldflussrechnung 20_1

Geldfluss aus Betriebstätigkeit (direkt)

Geldfluss aus Investitionstätigkeit

Geldfluss aus Finanzierungstätigkeit

Erfolgsrechnung 20_1

Cashflow (indirekt)

Differenzen zwischen Gewinn und Cashflow

Schlussbilanz 31. 12. 20_1

Aktiven		Passiven	
Flüssige Mittel		Darlehen	
Fahrzeuge		Eigenkapital	

2.07

Die **Treuhand GmbH** führt Buchhaltungen für andere Unternehmungen, macht Steuerberatungen und betreut Revisionsmandate.

Die Eröffnungsbilanz sowie die summarisch zusammengefassten Geschäftsfälle lauten:

Eröffnungsbilanz 1. 1. 20_1

Aktiven			Passiven		
Umlaufvermögen			**Fremdkapital**		
Bank	17		Darlehen		21
Debitoren	15	32			
Anlagevermögen			**Eigenkapital**		
Büroeinrichtung		40	Stammkapital	20	
			Reserven	18	
			Gewinnvortrag	13	51
		72			72

Geschäftsfälle 20_1

Nr.	Geschäftsfall	Betrag
1	Honorarertrag (den Kunden verschickte Rechnungen)	140
2	Zahlungen von Kunden	120
3	Zahlungen für Personalaufwand	65
4	Mietaufwand (Zahlungen für Büromiete)	30
5	Diverser Baraufwand (u. a. Darlehenszinsen, Energieverbrauch, Versicherungsprämien, Büromaterialverbrauch)	21
6	Abschreibung Büroeinrichtung	13
7	Käufe von Büromobiliar und EDV-Anlagen	11
8	Rückzahlung Darlehen durch Bankzahlung	4
9	Reservenzuweisung	8
10	Gewinnausschüttung aufgrund des Vorjahresgewinns durch Bankzahlung	5
11	Übertrag des Gewinnes auf Gewinnvortrag	?

a) Erstellen Sie auf der nächsten Seite
   ▷ die Erfolgsrechnung
   ▷ die Geldflussrechnung (mit direktem Cashflow-Nachweis)
   ▷ die Schlussbilanz
   und ermitteln Sie den Cashflow auf indirekte Weise durch Überleitung aus dem Gewinn.

b) Ist die Eigenkapitalrendite (Gewinn im Verhältnis zum durchschnittlichen Eigenkapital) ausreichend?

c) Beurteilen Sie die Liquiditätsentwicklung für 20_1 und 20_2 (unter der Annahme, dass die Zahlen des nächsten Jahres ähnlich sein werden wie im vergangenen Jahr).

Geldflussrechnung 20_1

Betriebsbereich (Cashflow)

Investitionsbereich

Finanzierungsbereich

Erfolgsrechnung 20_1

Cashflow indirekt (Überleitung)

Differenzen zwischen Gewinn und Cashflow

Schlussbilanz 31. 12. 20_1

Aktiven		Passiven	
Umlaufvermögen		**Fremdkapital**	
Bank		Darlehen	
Debitoren			
Anlagevermögen		**Eigenkapital**	
Büroeinrichtung		Stammkapital	
		Reserven	
		Gewinnvortrag	

2.08

Von der **Transport AG** sind die Eröffnungsbilanz sowie die summarisch zusammengefassten Geschäftsfälle gegeben.

Wie lauten die Erfolgsrechnung, die Geldflussrechnung und die Schlussbilanz?

Eröffnungsbilanz 1. 1. 20_1

Aktiven			Passiven		
Umlaufvermögen			**Fremdkapital**		
Flüssige Mittel	30		Kreditoren①	6	
Debitoren	40	70	Hypotheken	800	806
Anlagevermögen			**Eigenkapital**		
Büroeinrichtung und EDV	50		Aktienkapital	900	
Fahrzeuge	700		Reserven	270	
Liegenschaft	1 200	1 950	Gewinnvortrag	44	1 214
		2 020			2 020

Geschäftsfälle 20_1

Nr.	Geschäftsfall	Betrag
1	Versandte Rechnungen für ausgeführte Transporte	650
2	Bankzahlungen von Kunden	635
3	Bankzahlungen für Personalaufwand	200
4	Von der Tankstelle erhaltene Rechnungen für den Verbrauch von Dieseltreibstoff	80
5	Bankzahlungen für Rechnungen der Tankstelle	75
6	Diverser Baraufwand (wie Reparaturen, Motorfahrzeugsteuern, Versicherungsprämien, Büromaterialverbrauch, Hypothekarzinsen)	130
7	Abschreibung Büroeinrichtung und EDV	10
8	Abschreibung Fahrzeuge	120
9	Abschreibung Liegenschaft	60
10	Barkauf neuer Hard- und Software	25
11	Barkauf neuer Lastwagen	300
12	Barverkauf eines gebrauchten Fahrzeugs zum Buchwert	55
13	Dividendenauszahlung aufgrund des Vorjahresgewinns	40
14	Reservenbildung	4
15	Amortisation Hypothek durch Bankzahlung	28
16	Erhöhung Aktienkapital zum Nominalwert durch Bankeinzahlungen der Aktionäre	100
17	Übertrag des Gewinns auf Gewinnvortrag	?

① Die Kreditoren bestehen aus unbezahlten Rechnungen der Tankstelle.

Geldflussrechnung 20_1

Geldfluss aus Betriebstätigkeit (direkt)

Geldfluss aus Investitionstätigkeit

Geldfluss aus Finanzierungstätigkeit

Erfolgsrechnung 20_1

Cashflow indirekt

Differenzen zwischen Gewinn und Cashflow

Schlussbilanz 31. 12. 20_1

Aktiven			Passiven		
Umlaufvermögen			**Fremdkapital**		
Flüssige Mittel			Kreditoren		
Debitoren			Hypotheken		
Anlagevermögen			**Eigenkapital**		
Büroeinrichtungen und EDV			Aktienkapital		
Fahrzeuge			Reserven		
Liegenschaft			Gewinnvortrag		

2.09

Von der **Handel AG** sind die Eröffnungsbilanz sowie die summarisch zusammengefassten Geschäftsfälle des Geschäftsjahres bekannt.

Eröffnungsbilanz 1. 1. 20_1

Aktiven			Passiven		
Umlaufvermögen			**Fremdkapital**		
Flüssige Mittel	70		Kreditoren	180	
Debitoren	150		Hypotheken	300	480
Warenvorrat	160	380			
Anlagevermögen			**Eigenkapital**		
Einrichtungen	62		Aktienkapital	200	
Fahrzeuge	48		Reserven	165	
Immobilien	400	510	Gewinnvortrag	45	410
		890			890

Geschäftsfälle 20_1

Nr.	Text	Betrag
1	Warenverkäufe auf Kredit (zu Verkaufspreisen)	1 200
2	Bankzahlungen von Kunden	1 160
3	Warenaufwand (Verkäufe zu Einstandspreisen)	830
4	Wareneinkäufe auf Kredit	800
5	Bankzahlungen an Lieferanten	780
6	Personalaufwand (= Ausgaben)	250
7	Übriger Baraufwand	70
8	Abschreibungen Einrichtungen	12
9	Abschreibungen Fahrzeuge	8
10	Abschreibung Liegenschaft	0
11	Barkauf von Einrichtungen	42
12	Barkauf eines Fahrzeugs	38
13	Barverkauf eines Fahrzeugs zum Buchwert	5
14	Dividendenauszahlung aufgrund des Vorjahresgewinns	34
15	Reservenbildung aus dem Vorjahresgewinn	9
16	Rückzahlung Hypothek	60
17	Aktienkapitalerhöhung zum Nominalwert	100
18	Übertrag des Gewinns auf den Gewinnvortrag	?

Erstellen Sie folgende Abschlussrechnungen:

▷ Erfolgsrechnung 20_1

▷ Geldflussrechnung 20_1 (mit direkter Cashflow-Berechnung; zusätzlich als separate Rechnung der indirekte Cashflow-Nachweis)

▷ Schlussbilanz 31. 12. 20_1

Geldflussrechnung 20_1

Betriebsbereich (Cashflow)

Investitionsbereich

Finanzierungsbereich

Erfolgsrechnung 20_1

Cashflow (indirekt)

Differenzen zwischen Gewinn und Cashflow

Schlussbilanz 31. 12. 20_1

Aktiven		Passiven	
Umlaufvermögen		**Fremdkapital**	
Flüssige Mittel		Kreditoren	
Debitoren		Hypotheken	
Warenvorrat			
Anlagevermögen		**Eigenkapital**	
Einrichtungen		Aktienkapital	
Fahrzeuge		Reserven	
Immobilien		Gewinnvortrag	

2.10

Gegeben sind von der **Baumarkt AG** die Eröffnungsbilanz sowie die beiden Periodenrechnungen (alles Kurzzahlen).

Eröffnungsbilanz 1. 1. 20_1

Aktiven			Passiven		
Umlaufvermögen			**Fremdkapital**		
Flüssige Mittel	7		Kreditoren	29	
Debitoren	18		Hypotheken	35	64
Warenvorrat	24	49	**Eigenkapital**		
			Aktienkapital	50	
Anlagevermögen			Reserven	14	
Anlagevermögen		90	Gewinnvortrag	11	75
		139			139

Geldflussrechnung 20_1

Betriebsbereich (Cashflow)		
Zahlungen von Kunden	185	
./. Zahlungen an Lieferanten	– 104	
./. Zahlungen ans Personal	– 30	
./. Zahlungen für übrigen Aufwand	– 20	31
Investitionsbereich		
./. Kauf Einrichtungen	– 11	
./. Kauf Fahrzeug	– 16	
+ Verkauf Fahrzeug	5	– 22
Finanzierungsbereich		
+ Aktienkapitalerhöhung	10	
./. Rückzahlung Hypothek	– 6	
./. Dividendenauszahlung	– 9	– 5
Zunahme flüssige Mittel		**4**

Erfolgsrechnung 20_1

Warenertrag	180
./. Warenaufwand	– 110
./. Personalaufwand	– 30
./. Übriger Baraufwand	– 20
./. Abschreibungen	– 8
= Gewinn	**12**

Betriebsbereich (indirekt)

Gewinn	12
Differenzen zwischen Gewinn und Cashflow	
+ Abschreibungen	8
+ Veränderung Warenvorrat	2
+ Veränderung Kreditoren	4
+ Veränderung Debitoren	5
= Cashflow	31

a) Vervollständigen Sie die Schlussbilanz.

Schlussbilanz 31. 12. 20_1

Aktiven			Passiven		
Umlaufvermögen			**Fremdkapital**		
Flüssige Mittel	....		Kreditoren	....	
Debitoren	....		Hypotheken	________	....
Warenvorrat	________	....	**Eigenkapital**		
			Aktienkapital	....	
Anlagevermögen			Reserven	16	
Anlagevermögen		________	Gewinnvortrag	________	________

b) Fassen Sie die den Geschäftsverkehr schematisch in Kontenform zusammen (die grafischen Darstellungen sind nicht massstabsgetreu):

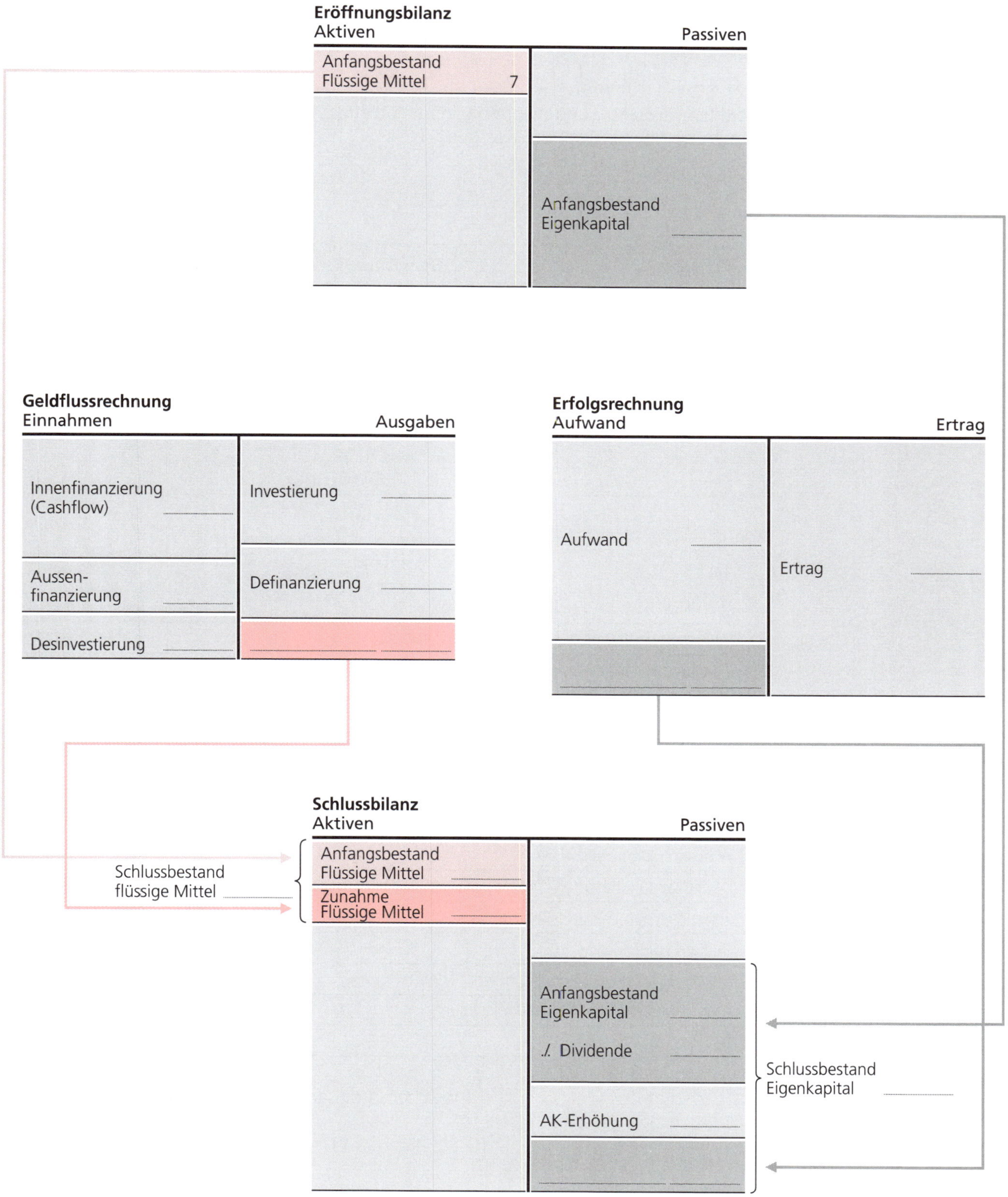

2.11

Die **Mercato AG** handelt mit elektrischen Geräten aller Art.

a) Erstellen Sie aufgrund der Eröffnungsbilanz sowie der summarisch zusammengefassten Geschäftsfälle

- ▷ die Erfolgsrechnung
- ▷ die Geldflussrechnung (Cashflow in der Geldflussrechnung direkt und in einer separaten Rechnung indirekt ausweisen)
- ▷ die Schlussbilanz

Eröffnungsbilanz 1. 1. 20_1

Aktiven			Passiven		
Umlaufvermögen			**Fremdkapital**		
Flüssige Mittel	20		Kreditoren	50	
Debitoren	40		Hypotheken	70	120
Warenvorrat	80	140			
			Eigenkapital		
Anlagevermögen			Aktienkapital	150	
Immobilien	160		Reserven	35	
Mobilien	50	210	Gewinnvortrag	45	230
		350			350

Geschäftsfälle 20_1

Nr.	Text	Betrag
1	Warenverkäufe auf Kredit (zu Verkaufspreisen)	1 800
2	Warenaufwand (Verkäufe zu Einstandspreisen)	1 000
3	Zunahme Debitoren	10
4	Zunahme Kreditoren (infolge Wareneinkäufen auf Kredit)	8
5	Abnahme Warenvorrat	12
6	Lohnaufwand (= Lohnzahlungen)	400
7	Übriger Baraufwand	320
8	Abschreibung Mobilien	20
9	Abschreibung Liegenschaft	15
10	Aktienkapitalerhöhung zum Nominalwert (Barliberierung)	20
11	Tilgung Hypothek durch Bankzahlung	30
12	Barkauf von Mobiliar	32
13	Barverkauf von Land zum Buchwert	11
14	Gewinnausschüttung durch Bankzahlung	38
15	Reservenzuweisung	5

b) Was bedeutet der **Free Cashflow,** welcher in dieser Geldflussrechnung als Zwischenergebnis ausgewiesen wird?

Geldflussrechnung 20_1

Geldfluss aus Betriebstätigkeit (direkt)

Geldfluss aus Investitionstätigkeit

= Free Cashflow

Geldfluss aus Finanzierungstätigkeit

Erfolgsrechnung 20_1

Betriebsbereich (indirekt)

Differenzen zwischen Gewinn und Cashflow

Schlussbilanz 31. 12. 20_1

Aktiven		Passiven	
Umlaufvermögen		**Fremdkapital**	
Flüssige Mittel		Kreditoren	
Debitoren		Hypotheken	
Warenvorrat			
Anlagevermögen		**Eigenkapital**	
Immobilien		Aktienkapital	
Mobilien		Reserven	
		Gewinnvortrag	

2.12

Wie verändern sich der Gewinn, der operative Cashflow und der Bestand an flüssigen Mitteln aufgrund folgender Geschäftsfälle?

+ bedeutet Zunahme
– bedeutet Abnahme
0 bedeutet keine Veränderung

Nr.	Geschäftsfall	Gewinn	Cashflow	Flüssige Mittel
1	Abschreibung auf Mobilien			
2	Wareneinkauf gegen bar			
3	Barverkauf einer gebrauchten Sachanlage zum Buchwert			
4	Amortisation einer Hypothek durch Bankzahlung			
5	Erhöhung des Aktienkapitals mit Agio durch Barliberierung			
6	Abschreibung eines Kassenbestands in USD infolge gesunkener Wechselkurse			
7	Auflösung einer nicht mehr benötigten Rückstellung für Garantieleistungen			
8	Lohnzahlungen			
9	Aktienkapitalerhöhung durch Sacheinlage einer Liegenschaft			

2.13

Kreuzen Sie die richtigen Aussagen zum operativen Cashflow an:

a)	Der Geldfluss aus Betriebstätigkeit wird oft als Cashflow bezeichnet.	
b)	Der Cashflow kann in der Geldflussrechnung direkt oder indirekt ausgewiesen werden.	
c)	Durch die Erhöhung der Abschreibungen steigt der Cashflow.	
d)	Ein grösserer Warenertrag führt zwingend zu einem höheren Cashflow.	
e)	Ein negativer Cashflow wird auch Cashdrain genannt.	
f)	Ein negativer Cashflow ist nur bei gleichzeitigem Verlust möglich.	
g)	Das schweizerische Obligationenrecht schreibt für die Geldflussrechnung eine Gliederung der Geldflüsse in die drei Bereiche Betriebs-, Investitions- und Finanzierungstätigkeit vor.	
h)	Innenfinanzierung und Selbstfinanzierung sind nicht dasselbe: ▷ Innenfinanzierung bedeutet Geldfluss aus Betriebstätigkeit ▷ Selbstfinanzierung ist die Reservenbildung aus der Zurückbehaltung von Gewinnen.	

2.14

Vervollständigen Sie die Jahresrechnungen der Handelsgesellschaft **Semper AG** mit Text und Zahlen.

Eröffnungsbilanz

Aktiven		Passiven	
Flüssige Mittel	16	Kreditoren	108
Debitoren	65	Aktienkapital	100
Warenvorrat	52	Reserven	44
Sachanlagen	130	Gewinnvortrag	11
	263		263

Geldflussrechnung

./. Zahlungen für übrigen Aufwand	– 145	
./. Barkauf von Sachanlagen	– 90	
+ Barverkauf Sachanlagen zum Buchwert	8	– 82
=		

Erfolgsrechnung

Warenertrag	600
./. Warenaufwand	– 400
./. Übriger Aufwand	– 145
=	

Cashflow indirekt

=	

Schlussbilanz

Aktiven		Passiven	
Flüssige Mittel		Kreditoren	138
Debitoren	75	Aktienkapital	120
Warenvorrat	72	Reserven	47
Sachanlagen	172	Gewinnvortrag	17
	322		322

2.15

Erstellen Sie für die **Commerce SA** aufgrund der Eröffnungsbilanz sowie der summarisch zusammengefassten Geschäftsfälle

▷ die Erfolgsrechnung

▷ die Geldflussrechnung (Cashflow in der Geldflussrechnung direkt und in einer separaten Rechnung indirekt ausweisen)

▷ die Schlussbilanz

Eröffnungsbilanz 1. 1. 20_1

Aktiven			Passiven		
Umlaufvermögen			**Fremdkapital**		
Flüssige Mittel	10		Kreditoren	55	
Debitoren	40		Hypotheken	50	105
Warenvorrat	70	120			
			Eigenkapital		
Anlagevermögen			Aktienkapital	120	
Immobilien	130		Reserven	20	
Mobilien	30	160	Gewinnvortrag	35	175
		280			280

Geschäftsfälle 20_1

Nr.	Text	Betrag
1	Warenverkäufe auf Kredit	2 000
2	Wareneinkäufe auf Kredit (≠ Warenaufwand)	1 320
3	Abnahme Debitoren	10
4	Zunahme Kreditoren	5
5	Zunahme Warenvorrat	20
6	Lohnaufwand (= Lohnzahlungen)	400
7	Übriger Baraufwand	270
8	Abschreibung Mobilien	6
9	Abschreibung Liegenschaft	0
10	Aktienkapitalerhöhung Nominalwert	20
11	Agio aus Aktienkapitalerhöhung	10
12	Amortisation Hypothek durch Bankzahlung	15
13	Barverkauf Land zum Buchwert	14
14	Ausgabe einer Obligationenanleihe zum Nennwert	25
15	Barkauf einer Liegenschaft	45
16	Barverkauf eines gebrauchten Fahrzeugs zum Buchwert	3
17	Kauf eines neuen Fahrzeugs	11
18	Gewinnausschüttung durch Bankzahlung	30
19	Reservenzuweisung	4

Geldflussrechnung 20_1

Betriebsbereich (Cashflow)

Investitionsbereich

Finanzierungsbereich

Erfolgsrechnung 20_1

Betriebsbereich (indirekt)

Differenzen zwischen Gewinn und Cashflow

Schlussbilanz 31. 12. 20_1

Aktiven			Passiven		
Umlaufvermögen			**Fremdkapital**		
Flüssige Mittel			Kreditoren		
Debitoren			Hypotheken		
Warenvorrat					
			Eigenkapital		
Anlagevermögen			Aktienkapital		
Immobilien			Reserven		
Mobilien			Gewinnvortrag		

2.16

Die **Bäckerei AG** produziert Backwaren und Patisserie. Die Erzeugnisse werden teils bar im eigenen Laden verkauft und teils auf Kredit an andere Geschäfte geliefert. Gegeben sind die Eröffnungsbilanz und der summarisch zusammengefasste Geschäftsverkehr.

Eröffnungsbilanz 1. 1. 20_4

Aktiven			Passiven		
Umlaufvermögen			**Fremdkapital**		
Flüssige Mittel	20		Kreditoren	25	
Debitoren	45		Hypotheken	200	225
Vorräte①	5	70			
Anlagevermögen			**Eigenkapital**		
Einrichtungen	90		Aktienkapital	200	
Fahrzeug	40		Reserven	149	
Liegenschaft	400	530	Gewinnvortrag②	26	375
		600			600

Journal 20_4

Nr.	Geschäftsfälle	Betrag
1	Barverkäufe im Laden	110
2	Kreditverkäufe an andere Geschäfte	260
3	Bankzahlungen von Kunden	250
4	Einkäufe von Rohmaterialvorräten (Mehl, Hefe, Salz, Zucker u. Ä.) auf Kredit	90
5	Bankzahlungen an Lieferanten	82
6	Abnahme Rohmaterialvorrat	4
7	Bankzahlungen für Löhne und Sozialleistungen	190
8	Bankzahlungen für übrigen Aufwand wie Miete, Zinsen, Energieverbrauch	70
9	Abschreibung Einrichtungen	9
10	Abschreibung Fahrzeug	12
11	Reservenzuweisung aus dem Vorjahresgewinn	5
12	Banküberweisung der Dividende (so viele ganze Prozent wie möglich)	?
13	Bankzahlung für den Umbau der Ladeneinrichtung (wertvermehrend)	63
14	Erhöhung der Hypothek (Gutschrift auf dem Bankkonto)	65
15	Kauf eines neuen Lieferwagens (Bankzahlung)	54
16	Verkauf des alten Lieferwagens (zum Buchwert von 40 gegen bar)	40
17	Übertrag des Verlustes	?

① Das sind Rohmaterialvorräte wie Mehl, Salz, Hefe, Zucker, Schokolade oder Butter. Fertigfabrikate wie Brote und Patisserie sind keine vorrätig, da diese jeden Tag frisch hergestellt werden.

② Der Vorjahresgewinn von 24 wurde Ende 20_3 dem Gewinnvortrag gutgeschrieben.

a) Wie lauten die Abschlussrechnungen des Geschäftsjahres 20_4?

Geldflussrechnung 20_4

Betriebsbereich (Cashflow)

Investitionsbereich

Finanzierungsbereich

Erfolgsrechnung 20_4

Verkaufsertrag Laden

Cashflow 20_4 (indirekt)

Differenzen zwischen Gewinn und Cashflow

Schlussbilanz 31. 12. 20_4

Aktiven			Passiven		
Umlaufvermögen			**Fremdkapital**		
Flüssige Mittel			Kreditoren		
Debitoren			Hypotheken		
Vorräte					
Anlagevermögen			**Eigenkapital**		
Einrichtungen			Aktienkapital		
Fahrzeuge			Reserven		
Liegenschaft			Verlustvortrag		

b) Wie beurteilen Sie die finanzielle Situation dieser Bäckerei?

2.17

Gegeben sind für die **Positiva AG** die Anfangsbilanz (AB), die Schlussbilanz (SB), die Erfolgsrechnung sowie einige zusätzliche Angaben. Die Geldflussrechnung fehlt, da sie nach OR 662 kein obligatorischer Bestandteil der Jahresrechnung ist.

Versuchen Sie aufgrund der verfügbaren Angaben, eine Geldflussrechnung zu erstellen. Der Cashflow ist in der Geldflussrechnung direkt und in einer gesonderten Rechnung indirekt darzustellen. Eine Lösungshilfe zur Führung der benötigten Konten finden Sie auf der rechten Seite. Für die Geldflussrechnung besteht keine Lösungshilfe.

Bilanzen

Aktiven | Passiven

Aktiven	AB	SB	Passiven	AB	SB
Umlaufvermögen			**Fremdkapital**		
Flüssige Mittel	30	22	Kreditoren	50	60
Debitoren	60	80	Hypotheken	90	75
Warenvorräte	80	120	Langfristige Rückstellungen	5	10
Anlagevermögen			**Eigenkapital**		
Immobilien	260	290	Aktienkapital	250	300
Mobiliar und Fahrzeuge	100	94	Reserven	95	111
			Gewinnvortrag	40	50
	530	606		530	606

Erfolgsrechnung

Aufwand		Ertrag	
Warenaufwand (auf Kredit)	700	Warenertrag (auf Kredit)	1 300
Personalaufwand (bar)	400		
Abschreibung Immobilien	10		
Abschreibung Mobiliar und Fahrzeuge	30		
Zunahme langfristige Rückstellungen	5		
Übriger Baraufwand	105		
Gewinn	**50**		
	1 300		1 300

Zusätzliche Angaben

▷ Ein Fahrzeug wurde zum Buchwert von 8 bar verkauft.

▷ Die Zunahme im Liegenschaftskonto ist auf den Kauf eines Stücks Land zurückzuführen.

▷ Aus dem Gewinn der Vorperiode wurde eine Dividende von 34 ausbezahlt.

▷ Die Rückstellungen wurden für einen Produktehaftpflichtfall gebildet.

Es wird empfohlen, mit der Cashflow-Berechnung zu beginnen und anschliessend jene Konten zu skizzieren, aus denen die geldwirksamen Bilanztransaktionen ermittelt werden können:

▷ Aus den Konten des Anlagevermögens können die Investitionen und Desinvestitionen hergeleitet werden.

▷ Aus den Konten des langfristigen Kapitals (das ist das Eigenkapital sowie das langfristige Fremdkapital) lassen sich die Aussenfinanzierungen und die Definanzierungen bestimmen.

Anlagevermögen

Immobilien

Mobiliar und Fahrzeuge

Langfristiges Kapital

Hypotheken

Langfristige Rückstellungen

Aktienkapital

Reserven

Gewinnvortrag

2.18

Gegeben sind für die **Fabrik AG** die Anfangsbilanz (AB), die Schlussbilanz (SB), die Erfolgsrechnung sowie einige zusätzliche Angaben.

Erstellen Sie die Geldflussrechnung als dritte Jahresrechnung. Der Cashflow ist in der Geldflussrechnung direkt darzustellen und in einer separaten Rechnung auch indirekt zu ermitteln. Eine Lösungshilfe für die Konten finden Sie auf der rechten Seite.

Bilanzen

Aktiven	AB	SB	Passiven	AB	SB
Umlaufvermögen			**Fremdkapital**		
Flüssige Mittel	8	6	Kreditoren	46	41
Debitoren	27	24	Hypotheken	330	300
Materialvorrat	35	41	Langfristige Rückstellungen	4	5
Anlagevermögen			**Eigenkapital**		
Maschinen	170	190	Aktienkapital	300	400
Fahrzeuge	50	59	Reserven	80	105
Liegenschaft	500	570	Gewinnvortrag	30	39
	790	890		790	890

Erfolgsrechnung

Aufwand		Ertrag	
Materialaufwand (auf Kredit)	500	Fabrikateertrag (auf Kredit)	1 200
Personalaufwand (bar)	400		
Abschreibung Maschinen	34		
Abschreibung Fahrzeuge	12		
Abschreibung Liegenschaft	15		
Zunahme langfristige Rückstellungen	1		
Übriger Baraufwand	199		
Gewinn	**39**		
	1 200		1 200

Zusätzliche Angaben

- ▷ Es wurden Maschinen zum Buchwert von 8 bar verkauft.
- ▷ Ein Fahrzeug wurde für 28 bar gekauft.
- ▷ Aus dem Gewinn der Vorperiode wurde eine Dividende von 25 ausbezahlt.
- ▷ Es bestehen keine Bestände an Halb- und Fertigfabrikaten.

Anlagevermögen

Maschinen

Fahrzeuge

Liegenschaft

Langfristiges Kapital

Hypotheken

Langfristige Rückstellungen

Aktienkapital

Reserven

Gewinnvortrag

2.19

Von der **VivAldi AG** sind die Eröffnungsbilanz, die Geldflussrechnung sowie der indirekte Cashflow-Nachweis gegeben, wobei die Texte in den beiden dynamischen Rechnungen nicht überall optimal sind.

Wie lauten die Erfolgsrechnung sowie die Schlussbilanz?

Eröffnungsbilanz 1. 1. 20_1

Aktiven			Passiven		
Umlaufvermögen			**Fremdkapital**		
Flüssige Mittel	8		Kreditoren	35	
Debitoren	22		Hypotheken	55	90
Warenvorrat	30	60	**Eigenkapital**		
Anlagevermögen			Aktienkapital	50	
Immobilien	90		Reserven	32	
Mobilien	40	130	Gewinnvortrag	18	100
		190			190

Geldflussrechnung 20_1

Geldfluss aus Betriebstätigkeit		
Zahlungen von Kunden	250	
./. Zahlungen an Lieferanten	– 140	
./. Zahlungen für Personalaufwand	– 44	
./. Zahlungen für übrigen Aufwand	– 36	
= Cashflow		30
Geldfluss aus Investitionstätigkeit		
./. Land	– 32	
./. Mobilien	– 13	
+ Fahrzeug	4	
= Netto-Investitionen		– 41
Geldfluss aus Finanzierungstätigkeit		
+ Aktienkapital	20	
+ Agio bei Aktienkapitalerhöhung	6	
./. Hypotheken	– 5	
./. Dividenden	– 12	
= Total Finanzierungsbereich		9
= Saldo		– 2

Indirekter Cashflow-Nachweis

Gewinn	20
+ Abschreibungen Immobilien	2
+ Abschreibungen Mobilien	8
+ Debitoren	3
+ Warenvorrat	4
./. Kreditoren	– 7
= Cashflow	30

Erfolgsrechnung 20_1

Bruttogewinn	
Gewinn	

Schlussbilanz 31. 12. 20_1

Aktiven			Passiven		
Umlaufvermögen			**Fremdkapital**		
Flüssige Mittel			Kreditoren		
Debitoren			Hypotheken		
Warenvorrat					
			Eigenkapital		
Anlagevermögen			Aktienkapital		
Immobilien			Reserven		
Mobilien			Gewinnvortrag	21	

3

Geldflussrechnung: Vertiefung

3.01

Die **Venta SA** veräusserte Mitte 20_5 ein Stück Land wie folgt gegen Bankzahlung:

	Verkaufspreis	100
./.	Buchwert	70
=	Veräusserungsgewinn	30

Für die Verbuchung dieses Geschäftsfalls bestehen zwei Möglichkeiten:

Variante 1

Flüssige Mittel/Ertrag aus Veräusserung von Anlagen	30
Flüssige Mittel/Immobilien	70

Variante 2

Immobilien/Ertrag aus Veräusserung von Anlagen	30
Flüssige Mittel/Immobilien	100

a) Wie wirken sich diese Buchungsvarianten auf die Geldflussrechnung aus?
Die Lösung ist auf der rechten Seite einzutragen. Die Geldflussrechnungen sind bis auf den Liegenschaftsverkauf vollständig.

b) Beurteilen Sie, welche Lösung aus betriebswirtschaftlicher Sicht die richtige ist.

Geldflussrechnung Variante 1

Betriebsbereich (direkt)		
Zahlungen von Kunden	300	
./. Zahlungen an Lieferanten	– 130	
./. Zahlungen für diversen Aufwand	– 80	
Investitionsbereich		
./. Kauf von Anlagevermögen	– 110	
Finanzierungsbereich		
./. Rückzahlung Hypothek	– 50	
./. Dividendenauszahlung	– 20	– 70
= Zunahme flüssige Mittel		**10**

Betriebsbereich (indirekt)		
Gewinn	80	
+ Abschreibungen	50	
./. Veränderung NUV	– 10	

Geldflussrechnung Variante 2

Betriebsbereich (direkt)		
Zahlungen von Kunden	300	
./. Zahlungen an Lieferanten	– 130	
./. Zahlungen für diversen Aufwand	– 80	
Investitionsbereich		
./. Kauf von Anlagevermögen	– 110	
Finanzierungsbereich		
./. Rückzahlung Hypothek	– 50	
./. Dividendenauszahlung	– 20	– 70
= Zunahme flüssige Mittel		**10**

Betriebsbereich (indirekt)		
Gewinn	80	
+ Abschreibungen	50	
./. Veränderung NUV	– 10	

3.02

Von der **Manta GmbH,** Handel mit Autozubehör, sind die Eröffnungsbilanz, die Erfolgsrechnung sowie weitere Angaben bekannt.

Zu erstellen sind die Geldflussrechnung mit direktem Cashflow-Nachweis und die Schlussbilanz. Der Cashflow ist in einer separaten Rechnung auch indirekt nachzuweisen.

Eröffnungsbilanz 1. 1. 20_1

Aktiven			Passiven		
Umlaufvermögen			**Fremdkapital**		
Flüssige Mittel	16		Kreditoren	28	
Debitoren	34		Transitorische Passiven	3	
Transitorische Aktiven	5		Darlehen	61	
Warenvorrat	24	79	Rückstellungen	7	99
			Eigenkapital		
Anlagevermögen			Stammkapital	40	
Anlagevermögen	130		Reserven	17	
./. Wertberichtigung	– 40	90	Gewinnvortrag	13	70
		169			169

Erfolgsrechnung 20_1

Aufwand		Ertrag	
Warenaufwand	200	Warenertrag	300
Personalaufwand (bar)	38		
Mietaufwand	10		
Zinsaufwand	4		
Übriger Baraufwand	21		
Abschreibungen	8		
Rückstellungsbildung	2		
Gewinn	**17**		
	300		300

Weitere Angaben

Nr.	Text	Betrag
1	Abnahme Debitoren	6
2	Zahlungen an Lieferanten	187
3	Zunahme Kreditoren	4
4	Mietzinszahlungen an Vermieter	12
5	Zunahme vorausbezahlte Mietzinsen	2
6	Zinszahlungen an Darlehensgeber	5
7	Abnahme aufgelaufene Kapitalzinsen	1
8	Barkauf von Einrichtungen	19
9	Barkauf eines Fahrzeugs	28
10	Barverkauf eines Fahrzeugs zum Buchwert (Anschaffungswert 12)	5
11	Erhöhung Stammkapital durch Bareinzahlung	20
12	Tilgung Darlehen	10
13	Dividendenauszahlung aufgrund des Vorjahresgewinns	9

Geldflussrechnung 20_1

Geldfluss aus Betriebstätigkeit (direkt)

Geldfluss aus Investitionstätigkeit

Geldfluss aus Finanzierungstätigkeit

= Zunahme flüssige Mittel

Indirekter Cashflow-Nachweis

= Cashflow

Schlussbilanz 31. 12. 20_1

Aktiven			Passiven		
Umlaufvermögen			**Fremdkapital**		
Flüssige Mittel			Kreditoren		
Debitoren			Transitorische Passiven		
Transitorische Aktiven			Darlehen		
Warenvorrat			Rückstellungen		
			Eigenkapital		
Anlagevermögen			Stammkapital		
Anlagevermögen			Reserven		
./. Wertberichtigung			Gewinnvortrag	17	

3.03

Von der **Totalia AG** sind die Eröffnungsbilanz und die summarischen Geschäftsfälle gegeben. Zu erstellen sind die Rechnungen gemäss Lösungsblatt.

Eröffnungsbilanz

Aktiven		Passiven	
Flüssige Mittel	22	Kreditoren	80
Debitoren	90	Transitorische Passiven	3
Transitorische Aktiven	5	Bankdarlehen	130
Warenvorrat	70	Aktienkapital	100
Sachanlagen	300	Reserven	40
./. Wertberichtigung Sachanlagen	– 110	Gewinnvortrag	24
	377		377

Geschäftsfälle

Nr.	Text	Betrag
1	Warenverkäufe auf Kredit	900
2	Zahlungseingänge von Kunden	895
3	Warenaufwand	650
4	Wareneinkäufe	646
5	Zahlungen an Lieferanten	640
6	Mietaufwand	60
7	Zahlungen für Mietzinse	63
8	Zinsaufwand	8
9	Zahlungen für Kapitalzinsen	9
10	Abschreibungen	45
11	Zahlungen für übrigen Aufwand (Aufwand = Ausgabe)	110
12	Kauf von Sachanlagen gegen bar	42
13	Verkauf von Sachanlagen gegen bar	10
14	Kumulierte Abschreibungen auf verkauften Sachanlagen	16
15	Anschaffungswert verkaufter Sachanlagen	19
16	Rückzahlung Bankdarlehen	30
17	Dividendenauszahlung	13
18	Reservenzuweisung bei Gewinnverwendung	11

Geldflussrechnung

Betriebsbereich (direkt)

= Cashflow

Investitionsbereich

= Netto-Investition

Finanzierungsbereich

= Total Finanzierungsbereich

=

Erfolgsrechnung

Cashflow (indirekt)

Schlussbilanz

Aktiven		Passiven	
Flüssige Mittel		Kreditoren	
Debitoren		Transitorische Passiven	
Transitorische Aktiven		Bankdarlehen	
Warenvorrat		Aktienkapital	
Sachanlagen		Reserven	
./. Wertberichtigung Sachanlagen		Gewinnvortrag	

3.04

Von der **Transa AG** sind die Eröffnungsbilanz und die summarischen Geschäftsfälle gegeben. Zu erstellen sind die Rechnungen gemäss Lösungsblatt.

Eröffnungsbilanz 1. 1. 20_4

Aktiven		Passiven	
Flüssige Mittel	12	Kreditoren	95
Debitoren	90	Transitorische Passiven	3
Transitorische Aktiven	5	Bankdarlehen	150
Warenvorrat	80	Aktienkapital	100
Sachanlagen	340	Reserven	41
./. Wertberichtigung Sachanlagen	– 120	Gewinnvortrag	18
	407		407

Geschäftsfälle 20_4

Nr.	Text	Betrag
1	Warenverkäufe auf Kredit	1 400
2	Zahlungseingänge von Kunden	1 410
3	Wareneinkäufe	920
4	Zahlungen an Lieferanten	925
5	Warenaufwand	900
6	Mietaufwand	70
7	Zahlungen für Mietzinse	66
8	Zinsaufwand	8
9	Zahlungen für Kapitalzinsen	?
10	Abschreibungen	40
11	Zahlungen für übrigen Aufwand (Aufwand = Ausgabe)	356
12	Kauf von Sachanlagen gegen bar	60
13	Verkauf von Sachanlagen gegen bar	10
14	Anschaffungswert der verkauften Sachanlagen	27
15	Kumulierte Abschreibungen auf verkauften Sachanlagen	23
16	Aktienkapitalerhöhung nominal (Barliberierung)	36
17	Agio bei Aktienkapitalerhöhung	18
18	Rückzahlung Bankdarlehen am 31. 8.	50
19	Dividendenauszahlung	12
20	Reservenzuweisung bei Gewinnverwendung	3

Zusätzliche Angaben

▷ Die Mietzinse sind vorschüssig zu bezahlen.

▷ Das Bankdarlehen beträgt seit zwei Jahren 150. Es wird jährlich am 31. 8. nachschüssig verzinst. Der Zinsfuss ist konstant.

Geldflussrechnung 20_4

Betriebsbereich

= Geldfluss aus Betriebstätigkeit

Investitionsbereich

= Geldfluss aus Investitionstätigkeit

Finanzierungsbereich

= Geldfluss aus Finanzierungstätigkeit

=

Erfolgsrechnung 20_4

=

Betriebsbereich indirekt 20_4

=

Schlussbilanz 31. 12. 20_4

Aktiven		Passiven	
Flüssige Mittel		Kreditoren	
Debitoren		Transitorische Passiven	
Transitorische Aktiven		Bankdarlehen	
Warenvorrat		Aktienkapital	
Sachanlagen		Reserven	
./. Wertberichtigung Sachanlagen		Gewinnvortrag	

3.05

Vervollständigen Sie die Jahresrechnungen der **Combinato AG.**

Eröffnungsbilanz

Aktiven		Passiven	
Flüssige Mittel	34	Kreditoren	
Debitoren	110	Transitorische Passiven	4
Transitorische Aktiven		Bankdarlehen	100
Warenvorrat		Aktienkapital	200
Sachanlagen	400	Reserven	50
./. Wertberichtigung Sachanlagen	– 160	Gewinnvortrag	
	470		470

Geldflussrechnung

Zahlungen von Kunden		
./. Zahlungen an Lieferanten	– 485	
./. Zahlungen für Mietzinse	– 62	
./. Zahlungen für Bankzinsen	– 7	
= Cashflow		
./. Kauf von Sachanlagen	– 107	
+ Verkauf von Sachanlagen	30	
= Nettoinvestitionen		– 77
./.		
./. Dividendenauszahlung	– 18	
= Total Finanzierungsbereich		
=		

Erfolgsrechnung

Warenertrag	800
./. Warenaufwand	
./. Mietaufwand	
./. Zinsaufwand	– 6
./. Abschreibungen	– 80
./. Übriger Baraufwand	
+ Veräusserungsgewinn	9
=	

Cashflow (indirekt)

+ Abschreibungen	80
+ Debitoren	5
+ Warenvorrat	7
+ Kreditoren	8
./. TA	– 2
=	

Schlussbilanz

Aktiven			Passiven
Flüssige Mittel	....	Kreditoren	98
Debitoren	....	Transitorische Passiven	3
Transitorische Aktiven	8	Bankdarlehen	70
Warenvorrat	....	Aktienkapital	200
Sachanlagen	....	Reserven	56
./. Wertberichtigung Sachanlagen	– 220	Gewinnvortrag	31

3.06

Aus einem Interview mit der Finanzchefin der **Serpentina AG** gehen folgende Informationen hervor:

Die Serpentina AG erzielte im Berichtsjahr einen gegenüber dem Vorjahr grösseren Verkaufsumsatz von 400. Allerdings mussten gleichzeitig eine Debitorenerhöhung von 15 sowie eine leichte Verkleinerung der Bruttogewinnmarge auf 30% in Kauf genommen werden. Durch die Erhöhung der Hypotheken um 25 stieg der Zinsaufwand (= Zinsausgaben) auf 12. Die Zahlungen an Warenlieferanten waren mit 250 fünfmal so hoch wie der Lohnaufwand (= Lohnzahlungen). Ein bedeutender Liquiditätsabfluss entstand einerseits wegen der Dividendenauszahlung von 23 sowie anderseits aus dem Kauf von Anlagevermögen für 51, was wiederum zu grösseren Abschreibungen von total 16 führte. Dank einer Erhöhung des Lagerumschlags liessen sich die Vorräte um 20% auf 20 senken. Durch Verkürzung der gewährten Garantiefristen konnten die betriebswirtschaftlich notwendigen Rückstellungen um 3 vermindert werden, was als Aufwandsminderung separat erfasst wurde. Nach Abzug der übrigen Aufwände – die zugleich Ausgaben waren – resultierten ein Jahresgewinn von 21 und ein Free Cashflow① von 5.

Zu erstellen sind die Erfolgsrechnung, die Geldflussrechnung sowie – als getrennte Rechnung – ein indirekter Nachweis des operativen Cashflows.

① Free Cashflow = Cashflow ./. Netto-Investitionen

3.07

Von der **Homofaber AG** sind die Eröffnungsbilanz und die summarischen Geschäftsfälle gegeben. Zu erstellen sind die Rechnungen gemäss Lösungsblatt.

Eröffnungsbilanz

Aktiven		Passiven	
Flüssige Mittel	34	Kreditoren	130
Debitoren	180	Transitorische Passiven	13
Materialvorrat	80	Bankdarlehen	165
Fabrikatevorrat	40	Aktienkapital	220
Sachanlagen	570	Reserven	87
./. Wertberichtigung Sachanlagen	– 260	Gewinnvortrag	29
	644		644

Geschäftsfälle

Nr.	Text	Betrag
1	Fabrikateertrag	700
2	Bestandesänderung (Zunahme) Fabrikate in Arbeit und Fertigfabrikate	30
3	Abnahme Debitoren	10
4	Materialaufwand	280
5	Materialeinkäufe	260
6	Abnahme Kreditoren (Materiallieferanten)	15
7	Personalaufwand	190
8	Zunahme zeitliche Abgrenzung von Ferienguthaben der Mitarbeiter	5
9	Abschreibungen	70
10	Zinsaufwand	8
11	Abnahme aufgelaufene Schuldzinsen	1
12	Übriger Aufwand (= Ausgabe)	153
13	Veräusserungsgewinn auf bar verkauften Sachanlagen	2
14	Anschaffungswert der verkauften Sachanlagen	18
15	Kumulierte Abschreibungen auf verkauften Sachanlagen	11
16	Kauf von Sachanlagen gegen bar	60
17	Rückzahlung Bankdarlehen	32
18	Dividendenauszahlung	21
19	Reservenzuweisung bei Gewinnverwendung	7

Geldflussrechnung

Geldfluss aus Betriebstätigkeit

Geldfluss aus Investitionstätigkeit

Geldfluss aus Finanzierungstätigkeit

Erfolgsrechnung

= Produktionsertrag

Cashflow indirekt

Schlussbilanz

Aktiven		Passiven	
Flüssige Mittel		Kreditoren	
Debitoren		Transitorische Passiven	
Materialvorrat		Bankdarlehen	
Fabrikatevorrat		Aktienkapital	
Sachanlagen		Reserven	
./. Wertberichtigung Sachanlagen		Gewinnvortrag	

3.08

Von der **Generika AG** liegen die unvollständigen Jahresrechnungen sowie der Rückstellungsspiegel vor.

Vervollständigen Sie die Jahresrechnungen.

Rückstellungsspiegel 20_5

	Rechtsfälle	Restrukturierungen	Total
Anfangsbestand am 1. 1. 20_5	20	10	30
+ Neu gebildete Rückstellungen	7		7
./. Auflösung von Rückstellungen	– 4		– 4
./. Verbrauch (Entnahme)		– 8	– 8
= Schlussbestand am 31. 12. 20_5	23	2	25

Eröffnungsbilanz 1. 1. 20_5

Aktiven		Passiven	
Flüssige Mittel	100	Kreditoren	300
Debitoren	400	Finanzverbindlichkeiten	450
Vorräte	200	....	....
Anlagevermögen	700	Aktienkapital	500
		Reserven und Gewinnvortrag	120
	1 400		1 400

Geldflussrechnung 20_5

Betriebsbereich (direkte Methode)			
Zahlungen von Kunden		.....	
./.	Zahlungen an Lieferanten	.....	
.....		.....	
./.	Zahlungen übriger Aufwand	– 627	155
Investitionsbereich			
./.	Kauf Sachanlagen	– 90	
+	Verkauf Sachanlagen zum Buchwert	10	– 80
Finanzierungsbereich			
./.	Verminderung Finanzverbindlichkeiten	– 50	
./.	Dividendenauszahlung	– 70	– 120
=	**Abnahme flüssige Mittel**		**– 45**
+	Anfangsbestand flüssige Mittel		100
=	Schlussbestand flüssige Mittel		55

Erfolgsrechnung 20_5

	Warenertrag	2 000
./.	Warenaufwand	– 1 200
./.	Abschreibungen	– 80
	.....	.....
	.....	.....
./.	Übriger Aufwand	– 627
=	**Gewinn**	**90**

Betriebsbereich (indirekte Methode)

	Gewinn	90
+	Abschreibungen	80
	.....	.....
./.	Veränderung Debitoren	– 20
./.	Veränderung Warenvorrat	– 30
+	Veränderung Kreditoren	40
=	**Operativer Cashflow**	**155**

Schlussbilanz 31. 12. 20_5

Aktiven		Passiven	
Flüssige Mittel	.....	Kreditoren	.....
Debitoren	.....	Finanzverbindlichkeiten	.....
Vorräte	.....	.....	.....
Anlagevermögen	.....	Aktienkapital	.....
	.....	Reserven und Gewinnvortrag	.....

3.09

Von der **Provision AG** sind in der Ausgangslage die Eröffnungsbilanz sowie die summarisch zusammengefassten Geschäftsfälle bekannt.

Wie lauten die Abschlussrechnungen?

Eröffnungsbilanz 1. 1. 20_1

Aktiven		Passiven	
Flüssige Mittel	7	Kreditoren	70
Debitoren	40	Bankdarlehen	50
Warenvorrat	60	Rückstellungen	9
Sachanlagen	200	Aktienkapital	100
		Reserven	78
	307		307

Geschäftsfälle 20_1

Nr.	Text	Betrag
1	Fakturierter Warenertrag	700
2	Zahlungen von Kunden	705
3	Wareneinkäufe gegen Rechnung	430
4	Zunahme Warenvorrat	10
5	Zahlungen an Warenlieferanten	410
6	Personalaufwand (= Ausgaben)	150
7	Abschreibung von Sachanlagen	40
8	Rückstellungen für Garantieleistungen gemäss separatem Rückstellungsspiegel	
9	Übriger Aufwand (= Ausgaben)	78
10	Kauf von Sachanlagen (= Ausgabe)	110
11	Verkauf von Sachanlagen inkl. Veräusserungsgewinn (= Einnahme)	14
12	Veräusserungsgewinn auf Sachanlagen	4
13	Rückzahlung Darlehen	30
14	Aktienkapitalerhöhung (Nominalwert)	60
15	Agio bei Aktienkapitalerhöhung	15
16	Dividendenauszahlung	9

Rückstellungsspiegel 20_1

	Text	Betrag
	Anfangsbestand per 1. 1. 20_1	9
+	Erfolgswirksame Bildung neuer Rückstellungen	6
./.	Erfolgswirksame Auflösung nicht mehr notwendiger Rückstellungen	–3
./.	Erfolgsneutrale Zahlungen zulasten der Rückstellungen (Verbrauch)	–2
=	Schlussbestand per 31. 12. 20_1	10

Geldflussrechnung 20_1

Geldfluss aus Betriebstätigkeit (direkt)

Geldfluss aus Investitionstätigkeit

Geldfluss aus Finanzierungstätigkeit

= **Zunahme flüssige Mittel**

\+ Anfangsbestand flüssige Mittel

= Schlussbestand flüssige Mittel

Erfolgsrechnung 20_1

Geldfluss aus Betriebstätigkeit (indirekt)

Schlussbilanz 31. 12. 20_1

Aktiven		Passiven	
Flüssige Mittel		Kreditoren	
Debitoren		Bankdarlehen	
Warenvorrat		Rückstellungen	
Sachanlagen		Aktienkapital	
		Reserven	

3.10

Erstellen Sie für die **Mandarin AG** die Erfolgsrechnung und die Geldflussrechnung mit indirektem Nachweis des Geldflusses aus Betriebstätigkeit. Der Cashflow ist in einer separaten Rechnung auch direkt nachzuweisen. Es besteht keine Lösungshilfe.

Nr.	Geschäftsfall	Betrag
1	Fabrikateertrag	500
2	Abnahme Debitoren	20
3	Materialeinkäufe auf Kredit (Einstandswert des eingekauften Materials)	250
4	Zunahme Materialvorrat	40
5	Abnahme Lieferantenkreditoren	10
6	Zunahme Fabrikatevorrat (Halb- und Fertigfabrikate)	50
7	Personalaufwand (bar)	100
8	Mietaufwand (bar)	60
9	Zinsaufwand (nach zeitlicher Abgrenzung)	30
10	Bildung von transitorischen Passiven (für aufgelaufene Zinsen)	6
11	Abschreibungen	39
12	Bildung von Rückstellungen	9
13	Übriger Baraufwand	90
14	Rückzahlung eines Darlehens	16
15	Barverkauf eines Fahrzeugs (Buchwert 5)	8
16	Barkauf von Mobiliar	15
17	Barkauf einer Liegenschaft	85
18	Aufnahme einer Hypothek	35
19	Aktienkapitalerhöhung (Barliberierung)	65
20	Gewinnausschüttung aufgrund des Vorjahresergebnisses	12
21	Schadenersatzzahlung zulasten der Rückstellungen	2

3.11

Erstellen Sie aufgrund der summarisch dargestellten Geschäftsfälle der **Transit AG** die Erfolgsrechnung sowie die Geldflussrechnung. Der Cashflow ist in der Geldflussrechnung direkt und in einer gesonderten Rechnung indirekt auszuweisen. Es besteht keine Lösungshilfe.

Nr.	Geschäftsfälle	Betrag
1	Fabrikateerlös aus Kreditverkäufen	2 900
2	Zunahme Fabrikatevorrat (Fabrikate in Arbeit und Fertigfabrikate)	80
3	Produktionsertrag	?
4	Zunahme Debitoren	44
5	Zunahme Kundenanzahlungen (Vorauszahlungen von Kunden)	4
6	Zahlungen von Kunden	?
7	Materialaufwand gemäss Erfolgsrechnung	920
8	Zunahme Materialvorrat	60
9	Materialeinkäufe	?
10	Zunahme Kreditoren (Materiallieferanten)	20
11	Zahlungen an Materiallieferanten	?
12	Personalaufwand (nach zeitlicher Abgrenzung, siehe Nr. 13)	740
13	Abnahme der ausstehenden Leistungsprämien an die Mitarbeiter	25
14	Zahlungen ans Personal	?
15	Mietaufwand (nach zeitlicher Abgrenzung, siehe Nr. 16)	110
16	Abnahme der vorausbezahlten Mietzinsen	15
17	Zahlungen an Vermieter	?
18	Zinsaufwand (nach zeitlicher Abgrenzung, siehe Nr. 19)	70
19	Zunahme der aufgelaufenen Kapitalzinsen	10
20	Zahlungen an Kapitalgeber	?
21	Erfolgswirksame Auflösung von Rückstellungen	45
22	Erfolgsneutrale Schadenersatzzahlung zulasten der Rückstellungen (Verbrauch)	65
23	Abschreibungen	200
24	Barerlös aus dem Verkauf eines Fahrzeugs (siehe auch Nr. 25)	50
25	Veräusserungsverlust aus Fahrzeugverkauf	5
26	Barerlös aus dem Verkauf eines Stücks Land (siehe auch Nr. 27)	230
27	Veräusserungsgewinn beim Landverkauf	90
28	Übriger Baraufwand	880
29	Kauf einer Liegenschaft (Bankcheck)	500
30	Rückzahlung eines Darlehens	35
31	Aufnahme einer Hypothek	250
32	Aktienkapitalerhöhung nominal durch Barliberierung (siehe auch Nr. 33)	150
33	Agio aus der Aktienkapitalerhöhung	150
34	Dividendenzahlung aufgrund des Vorjahresgewinns	170

3.12

Von der **Fortunato AG** liegen folgende Informationen vor:

Eröffnungsbilanz 20_1

Aktiven			Passiven		
Umlaufvermögen			**Fremdkapital**		
Flüssige Mittel	60		Kreditoren	350	
Debitoren	250		Hypotheken	400	750
Vorräte	340	650			
Anlagevermögen			**Eigenkapital**		
Einrichtungen	120		Aktienkapital	400	
Fahrzeuge	80		Reserven	153	
Immobilien	500	700	Gewinnvortrag	47	600
		1 350			1 350

Geschäftsfälle 20_1

Nr.	Text	Betrag
1	Fabrikateertrag (Verkaufserlös)	1 225
2	Herstellaufwand der verkauften Fabrikate	900
3	Verwaltungs- und Vertriebsaufwand	300
4	Zunahme Fabrikatevorrat	35
5	Zunahme Debitoren	30
6	Zunahme Kreditoren	20
7	Zunahme Rohmaterialvorrat	10
8	Erhöhung Aktienkapital (Nominalwert), Barliberierung	100
9	Agio Aktienkapitalerhöhung	60
10	Dividendenzahlung aus Vorjahresgewinn	40
11	Reservenbildung bei Gewinnverwendung	5
12	Kauf eigene Aktien (Bankbelastung)	8

Anlagenspiegel 20_1

	Einrichtungen	Fahrzeuge	Immobilien	Total
Anfangsbestand				
+ Käufe	35	22	0	57
./. Verkäufe	0	– 6	0	– 6
./.	– 18	– 16	– 9	– 43
= Schlussbestand				

Erstellen Sie die Erfolgsrechnung (nach dem Umsatzkostenverfahren), die Geldflussrechnung sowie die Schlussbilanz. Der Anlagespiegel ist zu vervollständigen.

Geldflussrechnung 20_1

=

Erfolgsrechnung 20_1

=

Schlussbilanz 31. 12. 20_1

Aktiven			Passiven		
Umlaufvermögen			**Fremdkapital**		
Flüssige Mittel			Kreditoren		
Debitoren			Hypotheken		
Vorräte			**Eigenkapital**		
Anlagevermögen			Aktienkapital		
Einrichtungen			Reserven		
Fahrzeuge			Gewinnvortrag		
Immobilien			./.		

3.13

Die **Bond AG** hat eine zu 2% verzinsliche Obligationenanleihe von 1000 ausstehend. Da das Marktzinsniveau für Schuldner mit gleicher Bonität wie die Bond AG zurzeit 3% beträgt, wird die 2%-Anleihe unter pari gehandelt.

Weil die Bond AG überschüssige flüssige Mittel besitzt, kauft sie einen Teil der Anleihe vor Ende der Laufzeit über die Börse zurück und vernichtet die Titel anschliessend.

Die Bankabrechnung für den Kauf lautet:

Kauf von Obligationen per 30. 9.

	Obligationen Bond AG, Zinsfuss 2%, Zinstermin 31. 12. Nominalwert 200 zum Kurs 95%	190
+	Marchzins vom 31. 12. bis 30. 9. (270 Tage)	3
=	Subtotal	193
+	Spesen	1
=	Endbetrag der Bankabrechnung	194

Ergänzen Sie die Jahresrechnungen, die grundsätzlich bis auf die Angaben zum Rückkauf der Obligationen vollständig sind.

Eröffnungsbilanz 1. 1.

Aktiven		Passiven	
Flüssige Mittel	300	Obligationen	1 000
Diverse Aktiven	2 700	Diverse Passiven	2 000
	3 000		3 000

Geldflussrechnung

Betriebsbereich (direkte Methode)		
Zahlungen von Kunden	4 204	
./. Zahlungen für diversen Aufwand	– 3 500	
Investitionsbereich		
./. Kauf Sachanlagen	– 440	
+ Verkauf Sachanlagen	40	– 400
Finanzierungsbereich		
./. Dividendenauszahlung	– 200	
= **Abnahme flüssige Mittel**		
+ Anfangsbestand flüssige Mittel		300
= Schlussbestand flüssige Mittel		

Erfolgsrechnung

Diverser Ertrag	4 000
./. Diverser Aufwand	– 3 400
./. Abschreibungen	– 300
= **Gewinn**	

Betriebsbereich (indirekte Methode)

Gewinn	
+ Abschreibungen	300
+ Abnahme Debitoren	204
+ Abnahme Vorräte	50
./. Abnahme Kreditoren	– 150
= **Operativer Cashflow**	**700**

Schlussbilanz 31. 12.

Aktiven		Passiven	
Flüssige Mittel		Obligationen	
Diverse Aktiven		Diverse Passiven	

3.14

Ergänzen Sie die vorliegenden Jahresrechnungen der **Industria AG.**

Eröffnungsbilanz 1. 1. 20_5

Aktiven		Passiven	
Flüssige Mittel	30	Kreditoren	200
Forderungen	300	Finanzverbindlichkeiten	640
Materialvorrat	160	Aktienkapital	400
Fabrikatevorrat	110	Reserven	180
Sachanlagen	900	Gewinnvortrag	80
	1 500		1 500

Geldflussrechnung 20_5

Geldfluss aus Betriebstätigkeit		
Zahlungen von Kunden		
./. Zahlungen an Lieferanten		
./. Zahlungen übriger Aufwand	– 700	
Geldfluss aus Investitionstätigkeit		
./. Kauf Sachanlagen	– 60	
+ Verkauf Sachanlagen	5	
Geldfluss aus Finanzierungstätigkeit		
./. Verminderung Finanzverbindlichkeiten	– 5	
./. Dividendenauszahlung	– 55	– 60
= Abnahme flüssige Mittel		**– 10**
+ Anfangsbestand flüssige Mittel		
= Schlussbestand flüssige Mittel		

Erfolgsrechnung 20_5

Fabrikateertrag	1 600
+ Bestandesänderung Fabrikate	30
+ Ertrag aktivierte Eigenleistungen①	40
= Produktionsertrag (Gesamtertrag)	**1 670**
./. Materialaufwand	– 800
./. Abschreibungen	– 100
./. Übriger Aufwand (= Ausgabe)	– 700
= Gewinn	**70**

Betriebsbereich (indirekt)

Gewinn	70
+ Abschreibungen	100
./. Veränderung Debitoren	– 20
+ Veränderung Materialvorrat	10
+ Veränderung Kreditoren	15
= Operativer Cashflow	

① Vereinfachend ist davon auszugehen, dass die Herstellkosten gleichzeitig Ausgaben waren.

Schlussbilanz 31. 12. 20_5

Aktiven		Passiven	
Flüssige Mittel		Kreditoren	
Forderungen		Finanzverbindlichkeiten	
Materialvorrat		Aktienkapital	
Fabrikatevorrat		Reserven	185
Sachanlagen		Gewinnvortrag	

3.15

Geldflussrechnungen basieren auf dem Fonds *flüssige Mittel* oder *netto-flüssige Mittel.*

Kreuzen Sie an, welche der folgenden Bestände per 31. 12. 20_4 zum Fonds für Geldflussrechnungen gehören.

Nr.	Bestände	
1	Fr. 30 000.– Bargeld in der Kasse	
2	Fr. 400 000.– Sichtguthaben bei einer Schweizer Grossbank (Kontokorrent)	
3	Aktien der Biotechnologie AG zum Börsenkurswert von Fr. 80 000.–	
4	Fr. 150 000.– Kassenobligationen (Kauf am 23. April 20_2, Fälligkeit am 23. April 20_5).	
5	Fr. 30 000.– Habensaldo im Kontokorrent bei einer Bank, das für die Abwicklung des Zahlungsverkehrs benötigt wird.	
6	Fr. 200 000.– Festgeldanlage bei einer Schweizer Grossbank (Abschluss am 30. 11. 20_4, Fälligkeit am 28. 02. 20_5)	
7	Fr. 60 000.– Guthaben bei der Raiffeisen Bank auf einem Sperrkonto (voraussichtlich nicht beanspruchte Kaution zur Sicherung eines Mietvertrags)	

3.16

Erstellen Sie aufgrund der folgenden Angaben über die **Kraftwerk AG** eine nach Bereichen gegliederte Geldflussrechnung mit indirektem Cashflow-Nachweis. In einer separaten Rechnung ist der Cashflow direkt zu berechnen.

Schlussbilanzen

Aktiven / Passiven

Aktiven	20_1	20_2	Passiven	20_1	20_2
Flüssige Mittel	1 400	1 250	Schulden aus Lieferung und Leistung	160	130
Forderungen aus Lieferung und Leistung	240	275	Passive Rechnungsabgrenzung	70	50
Aktive Rechnungsabgrenzung	30	30	Anleihensobligationen	2 750	2 450
Vorräte (Brennstoffe, Material)	250	255	Rückstellungen	3 500	3 780
Sachanlagen	4 300	4 100	Aktienkapital	360	360
Beteiligungen (Finanzanlagen)	800	680	Reserven	1 840	1 850
Nutzungsrechte (immaterielle Anlagen)	1 700	2 100	Gewinnvortrag	40	70
	8 720	8 690		8 720	8 690

Erfolgsrechnung 20_2

Aufwand / Ertrag

Aufwand		Ertrag	
Energie- und Materialaufwand	600	Erlös aus Lieferung und Leistung	1 700
Personalaufwand (bar)	200	Kursgewinne auf Beteiligungen	40
Abschreibung Sachanlagen	350	Zins- und Dividendenerträge	120
Abschreibung immaterielle Anlagen	80		
Bildung Rückstellungen für nukleare Entsorgung	280		
Zinsaufwand	120		
Übriger Baraufwand	160		
Gewinn	**70**		
	1 860		1 860

Zusätzliche Angaben zur Berichtsperiode

- ▷ Es wurden keine Sachanlagen verkauft.
- ▷ Es fand ein Verkauf von Nutzungsrechten zum Buchwert von 15 statt.
- ▷ Es wurden keine neuen Beteiligungen erworben.
- ▷ Die transitorischen Passiven betreffen aufgelaufene Schuldzinsen auf Anleihensobligationen.
- ▷ Es wurden keine neuen Anleihensobligationen herausgegeben. Die Abnahme bei den Anleihensobligationen ist auf die Rückzahlung fälliger Anleihen zum Nominalwert zurückzuführen.

Geldflussrechnung

Betriebsbereich

Investitionsbereich

Finanzierungsbereich

Abnahme der flüssigen Mittel

Cashflow direkt

=

3.17

Von der **Ducroire SA** liegen die Eröffnungsbilanz sowie die summarisch zusammengefassten Geschäftsfälle in Kurzzahlen vor.

Zu erstellen sind die Gesamtrechnungen gemäss Lösungsblatt.

Eröffnungsbilanz 1. 1. 20_6

Aktiven			Passiven		
Umlaufvermögen			**Fremdkapital**		
Flüssige Mittel	7		Kreditoren	70	
Debitoren	80		Hypothek	140	210
./. Delkredere	– 4				
Warenvorrat	60	143	**Eigenkapital**		
			Aktienkapital	150	
Anlagevermögen			Reserven	50	
Sachanlagen		280	Gewinnvortrag	13	213
		423			423

Geschäftsfälle 20_6

Nr.	Geschäftsfall	Betrag
1	Warenertrag	600
2	Zunahme Debitoren	10
3	Zunahme Delkredere	1
4	Debitorenverluste (Minus-Ertragskonto)	4
5	Warenaufwand	400
6	Zunahme Warenvorrat	5
7	Zunahme Kreditoren	7
8	Abschreibungen Sachanlagen	40
9	Übriger Aufwand (= Ausgaben)	140
10	Barkauf von Sachanlagen	36
11	Barverkauf von Sachanlagen zum Buchwert	6
12	Amortisation Hypothek	15
13	Verwendung des Vorjahresgewinns:	
	▷ Reservenzuweisung	3
	▷ Dividendenauszahlung	9

Geldflussrechnung 20_6

=		

Erfolgsrechnung 20_6

=	

Betriebsbereich (indirekt) 20_6

=	

Eröffnungsbilanz 31. 12. 20_6

Aktiven			Passiven		
Umlaufvermögen			**Fremdkapital**		
Flüssige Mittel			Kreditoren		
Debitoren			Hypothek		
./. Delkredere					
Warenvorrat			**Eigenkapital**		
			Aktienkapital		
Anlagevermögen			Reserven		
Sachanlagen			Gewinnvortrag		

3.18

Die **Engineering AG** wird buchhalterisch in zwei Bereiche aufgeteilt:

▷ Als Hauptbetrieb werden Planungen und Bauführungen im Hoch- und Tiefbau durchgeführt.

▷ Als Nebenbetrieb erfasst wird die Geschäftsliegenschaft, deren Räumlichkeiten an die Engineering AG und an Dritte vermietet werden.

Über das Geschäftsjahr 20_8 liegt die Erfolgsrechnung vor. Ausserdem ist bekannt, dass die Debitoren aus Lieferungen und Leistungen um 2 abgenommen und die von Dritten vorausbezahlten Mietzinse um 1 zugenommen haben.

Erfolgsrechnung 20_8

	Honorarertrag	57	
./.	Personalaufwand (= Ausgaben)	– 26	
./.	Verrechneter Mietaufwand (Eigenmiete)	– 11	
./.	Abschreibungen	– 8	
./.	Bildung von Rückstellungen	– 1	
./.	Übriger Betriebsaufwand (= Ausgaben)	– 5	
=	**Gewinn Hauptbetrieb**		**6**
+	Mietertrag von Dritten	16	
+	Verrechneter Mietertrag (Eigenmiete)	11	
./.	Hypothekarzinsen (= Ausgaben)	– 10	
./.	Abschreibung Liegenschaft	– 9	
./.	Übriger Liegenschaftsaufwand (= Ausgaben)	– 3	
=	**Gewinn Nebenbetrieb**		**5**
=	**Unternehmensgewinn**		**11**

Berechnen Sie den Geldfluss aus Betriebstätigkeit zweistufig nach der direkten und der indirekten Methoden.

Direkte Cashflow-Berechnung 20_8

= **Cashflow Hauptbetrieb**		
= **Cashflow Nebenbetrieb**		
= **Cashflow Unternehmung**		

Indirekte Cashflow-Berechnung 20_8

= **Cashflow Hauptbetrieb**		
= **Cashflow Nebenbetrieb**		
= **Cashflow Unternehmung**		

3.19

In der Ausgangslage sind die Erfolgsrechnung sowie zusätzliche Informationen gegeben:

Erfolgsrechnung

	Warenertrag	300
./.	Warenaufwand	– 180
./.	Abschreibungen	– 30
./.	Diverser Aufwand	– 61
=	**EBIT**[1]	**29**
./.	Zinsaufwand	– 9
./.	Gewinnsteueraufwand	– 5
=	**Gewinn**	**15**

Zusätzliche Informationen

▷ Abnahme Debitoren	10
▷ Abnahme Kreditoren	8
▷ Abnahme Warenvorrat	7
▷ Abnahme aufgelaufene Zinsen (transitorische Passiven)	2
▷ Zunahme aufgelaufene Steuern (transitorische Passiven)	1

Berechnen Sie den Cashflow auf drei Arten:

▷ Direkte Methode

▷ Indirekte Methode: mit Gewinn beginnen

▷ Indirekte Methode: mit EBIT beginnen

[1] EBIT = Earnings before interest and tax (Ergebnis vor Zinsen und Steuern)

3.20

The opening balance sheet of a **trading company** reads as follows:

Balance sheet at beginning of period

Assets			Liabilities and equity		
Current assets			**Liabilities**		
Cash and cash equivalents	30		Accounts payable	160	
Accounts receivable	130		Mortgage	180	340
Inventory	140	300			
Fixed assets			**Equity**		
Equipment	45		Share capital	200	
Vehicles	25		Reserves	92	
Real estate	300	370	Profit brought forward	38	330
		670			670

Its condensed business transactions affecting income or cash are:

Transactions

#	Description	Amount
1	Net Sales (to customers, on credit) = Revenue	900
2	Cost of merchandise sold	600
3	Cash collections from customers	920
4	Purchase of merchandise on credit	630
5	Cash payments to suppliers	640
6	Personnel expenses = Cash payments to employees	200
7	Cash paymens for interest expenses	11
8	Other cash expenses	60
9	Depreciation on equipment	9
10	Depreciation on vehicles	7
11	Cash payment for purchase of equipment	29
12	Proceeds (= cash inflows) from sale of land (at book value)	60
13	Dividends paid	32
14	Allocations to reserves	4
15	Repayment of mortgage (= cash outflow)	15
16	Issue of share capital	50
17	Posting of net income to equity	13

Make out the following closing statements:

▷ Income statement

▷ Cash flow statement (using the direct method for reporting cash flows from operations)

▷ Indirect calculation of cash flows from operations (reconciliation of net income with cash flow)

▷ Balance sheet at end of period

Cash flow statement

Cash flows from operating activities

Cash flows from investing activities

Cash flows from financing acitivities

Net increase/decrease in cash
and cash equivalents

Income statement

Net income (profit)

Operating cash flow (indirect)

Differences between net income
and cash flow (reconciliation)

Decrease in

Decrease in

Increase in

Cash flows from operating activities

Balance sheet at end of period

Assets

Liabilities and equity

Current assets

Fixed assets

Liabilities

Equity

Finanzplanung

4.01

Für die **Kunststoff AG,** Handel mit Isolationsstoffen, sind aufgrund der Schlussbilanz per 31. 12. 20_3 sowie der Plandaten für das Jahr 20_4 folgende Budgets zu erstellen:

▷ Plan-Erfolgsrechnung 20_4

▷ Plan-Geldflussrechnung 20_4

▷ Plan-Bilanz per 31. 12. 20_4

Schlussbilanz 31. 12. 20_3

Aktiven		Passiven	
Flüssige Mittel	10	Kreditoren	60
Debitoren	40	Hypothek	50
Warenvorrat	70	Aktienkapital	100
Immobilien	120	Reserven	43
Mobilien	30	Gewinnvortrag	17
	270		270

Plandaten für 20_4

Betriebsbereich

Die Warenverkäufe auf Kredit können voraussichtlich von bisher 400 auf 440 erhöht werden. Die durchschnittliche Bruttogewinnmarge (Bruttogewinn in % des Verkaufserlöses) wird weiterhin 50% betragen.

Die Debitoren-, Kreditoren- und Lagerbestände werden prozentual um gleich viel zunehmen wie der Verkaufsumsatz.

Bei den übrigen Aufwänden ist mit folgenden Werten zu rechnen: Personalaufwand (bar) 120, Abschreibungen Mobilien 8, übriger Baraufwand 68. Die Immobilien müssen nicht abgeschrieben werden.

Der Gewinn des Geschäftsjahres 20_3 wird für eine Reservenzuweisung von 2 sowie eine Dividendenausschüttung von 15 verwendet.

Investitionsbereich

Die bisherige EDV-Anlage wird durch eine leistungsfähigere ersetzt, was zu Ausgaben von 11 führen wird. Ausserdem soll ein alter Lieferwagen zum Buchwert von 3 verkauft werden. Gleichzeitig ist der Barkauf eines neuen Lastwagens für 12 geplant.

Finanzierungsbereich

Zur Deckung der Finanzierungslücke wird eine Aktienkapitalerhöhung von 10 geplant. Bei den Hypotheken besteht eine Tilgungsverpflichtung von 4.

Plan-Geldflussrechnung 20_4

Betriebsbereich		
Cashflow (brutto)		
./. Dividendenausschüttung		
Cashflow (netto)		
Investitionsbereich		
Finanzierungslücke		
Finanzierungsbereich		

Plan-Erfolgsrechnung 20_4

= Bruttogewinn	
Gewinn	

Betriebsbereich 20_4 (indirekt)

Cashflow	

Plan-Bilanz 31. 12. 20_4

Aktiven		Passiven	
Flüssige Mittel		Kreditoren	
Debitoren		Hypothek	
Warenvorrat		Aktienkapital	
Immobilien		Reserven	
Mobilien		Gewinnvortrag	

4.02

Eine Gruppe von Hoteliers, Handwerkern und Bauern aus einem voralpinen Ski- und Wandergebiet gründete vor ein paar Jahren unter dem Namen **Eremit AG** eine Gesellschaft zum Bau und Betrieb von Freizeitanlagen. Die Bilanz zeigt Ende 20_5 folgendes Bild (alle Zahlen sind in Fr. 1000.–):

Schlussbilanz 31. 12. 20_5

Aktiven		Passiven	
Kasse, Bank	100	Kreditoren	20
Sesselbahn	1 000	Darlehen①	800
Pistenfahrzeuge	500	Aktienkapital	1 000
Diverse Anlagen	400	Reserven und Gewinnvortrag	180
	2 000		2 000

Im Jahre 20_6 soll das Ergebnis der Eremit AG durch zwei **Investitionen** markant verbessert werden:

▷ Durch den Bau einer Rutschbahn für 600 kann die Bahn auch in den Sommermonaten genutzt werden.

▷ Da die Talstation nur 1000 Meter über Meer liegt, kann der Kauf einer Beschneiungsanlage für 450 zu einer deutlichen Steigerung der Anzahl Betriebstage führen.

Die **Finanzierung** der geplanten Investitionen erfolgt u.a. durch:

▷ eine Aktienkapitalerhöhung von 500

▷ ein zinsloses Darlehen der regionalen Entwicklungsbank von 400

Die Betreiber der Eremit AG rechnen für 20_6 mit folgenden **Erträgen und Aufwänden:**

▷ Barverkauf Tageskarten im Winter 340, Barverkauf von Einzelbilletten im Sommer 460

▷ Bankzahlungen für Personalaufwand 310, für Pachtzinse 36 (das Land wird von der Allmeind-Korporation gepachtet), für Unterhalt und Reparaturen 30, für Energiebezüge (Strom und Diesel) 60, für Versicherungsprämien 22, für Werbung 72 und für übrigen Betriebsaufwand 68.

▷ Eine Kreditorenerhöhung von 6 ergibt sich bei den Rechnungen für Energiebezüge; die übrigen Kreditoren sind unverändert.

▷ Abschreibungen Sesselbahn 60, Pistenfahrzeuge 45, diverse Anlagen 25. Die Neuinvestitionen sind erst ab dem folgenden Jahr abzuschreiben.

▷ Für eine Grossrevision der Sesselbahn ist eine Rückstellung von 20 zu bilden.

▷ Eine Gewinnausschüttung ist vorläufig nicht vorgesehen.

Erstellen Sie als Entscheidungsgrundlage zuhanden der Investoren und Kreditgeber für das Jahr 20_6 folgende Rechnungen (die Anzahl Hilfszeilen auf dem Lösungsblatt ist nicht überall korrekt:

▷ Plan-Erfolgsrechnung

▷ Plan-Geldflussrechnung (Cashflow direkt ausweisen)

▷ Indirekter Cashflow-Nachweis

▷ Plan-Bilanz

① Das Darlehen der regionalen Entwicklungsbank ist zinslos, muss aber in Raten zurückbezahlt werden (für 20_6 ist eine Amortisation von 80 vorgesehen).

Plan-Geldflussrechnung 20_6

Geldfluss aus Betriebstätigkeit (direkt)

Cashflow		

Geldfluss aus Investitionstätigkeit

Geldfluss aus Finanzierungstätigkeit

Plan-Erfolgsrechnung 20_6

Gewinn	

Betriebsbereich (indirekt)

Cashflow	

Plan-Bilanz 31. 12. 20_6

Aktiven		Passiven	
Kasse, Bank		Kreditoren	
Sesselbahn		Darlehen	
Pistenfahrzeuge			
		Aktienkapital	
		Reserven und Gewinnvortrag	
Diverse Anlagen			

4.03

F. Morf hat seine Lehre vor zwei Jahren erfolgreich abgeschlossen und arbeitet seither als Sachbearbeiter. Dank seinem Können und seinem Einsatz am Arbeitsplatz wird er nächstes Jahr einen Nettolohn von Fr. 52 000.– verdienen (nach Abzug der Sozialversicherungsbeiträge und inkl. 13. Monatslohn).

Er wird Anfang Jahr von den Eltern weg in eine eigene Wohnung ziehen mit einem Mietzins von Fr. 1200.– p.m. (inkl. Nebenkosten). Für den Kauf von neuen Möbeln samt Stereoanlage und Fernseher sind im Januar Fr. 4000.– und im Februar Fr. 3000.– vorgesehen.

Ausserdem will er Anfang September ein Occasionsauto für etwa Fr. 9000.– erwerben, das Ausgaben für Benzin, Service, Steuern und Versicherungen von Fr. 300.– im ersten Monat und anschliessend Fr. 100.– pro Monat verursacht und Ende Jahr um Fr. 1000.– abgeschrieben werden muss.

Schon lange geplant ist ein zahnärztlicher Eingriff, der im April zu Ausgaben von etwa Fr. 1800.– führen wird.

Die Einkommenssteuern von Fr. 5400.– sind hälftig im Juni und Dezember zu bezahlen.

Für den Juni ist eine Ferienreise mit seiner Freundin in die USA geplant, die für ihn zusätzliche Ausgaben von Fr. 1500.– im Mai und etwa Fr. 1500.– im Juni zur Folge haben wird.

Seine bisherigen Ersparnisse auf dem Salärkonto einer Bank betragen Fr. 3400.–.

Folgende regelmässigen monatlichen Ausgaben fallen auch während der Ferienzeit an:

- ▷ Nahrung, Getränke (zu Hause und auswärts): Fr. 600.–
- ▷ Krankenkasse und sonstige Versicherungen (z.B. persönliche Haftpflichtversicherung): Fr. 180.–
- ▷ Verkehr: Bis Ende August Fr. 50.– für SBB, Bus, Tram und Velo; nachher Autobetriebskosten.
- ▷ Kleider, Schuhe: Fr. 220.–
- ▷ Telefon: Fr. 60.–
- ▷ Arzt, Apotheke, Gesundheitspflege (ohne Zahnarzt): Fr. 80.–
- ▷ Vergnügen (z.B. Ausgang, Sport): Fr. 220.–
- ▷ Diverses: Fr. 140.–

Lösen Sie für diese **Privatperson** folgende Aufgaben:

a) Da starke Zweifel bestehen, ob der Lohn für alle geplanten Ausgaben ausreicht, ist ein **Liquiditätsbudget (ein Finanzplan)** für das ganze Jahr zu erstellen.

b) Welche Massnahmen zur Verbesserung der finanziellen Situation empfehlen Sie?

Liquiditätsbudget

	Nettolohn (Einnahmen)
./.	Mietzinsausgaben
./.	Ausgaben für Nahrung, Getränke
./.	Ausgaben für Krankenkasse, Versicherungen
./.	Ausgaben für Verkehr
./.	Ausgaben für Kleider, Schuhe
./.	Ausgaben für Telefon
./.	Ausgaben für Steuern
./.	Ausgaben für Arzt, Zahnarzt, Apotheke, Gesundheitspflege
./.	Ausgaben für Vergnügen, z.B. Ausgang, Sport, Ferien
./.	Div. Ausgaben, z.B. für Radio/TV, Zeitu gen, Bücher, Geschenke, Spenden, Bild
=	**Cashflow**
./.	Ausgabe für Kauf Auto
./.	Ausgabe für Kauf Einrichtungen
=	**Zu-/Abnahme flüssige Mittel**

Salärkonto

Stand Salärkonto Ende Monat

…uar	Februar	März	April	Mai	Juni	Juli	August	Sept.	Okt.	Nov.	Dez.	Total

…uar	Februar	März	April	Mai	Juni	Juli	August	Sept.	Okt.	Nov.	Dez.

4.04

Die **Bambino GmbH** handelt mit Kinderspielzeug. Sie hat für das nächste Jahr das nebenstehende Erfolgsbudget erstellt, um die Wirtschaftlichkeit der einzelnen Monate zu beurteilen. Alle Frankenbeträge sind Kurzzahlen.

Zusätzliche Angaben

- ▷ Die Warenverkäufe erfolgen auf Kredit. Die Kunden zahlen jeweils innert 30 Tagen. Der Debitorenbestand beträgt Anfang Januar 170.
- ▷ Die Wareneinkäufe erfolgen immer einen Monat vor dem Verkauf und werden sofort bezahlt, um vom gewährten Skonto zu profitieren. Der geplante Warenvorrat am Ende der Budgetperiode beträgt 66.
- ▷ Im Dezember wird ein 13. Monatslohn ausbezahlt. Es wird voraussichtlich keine Schwankungen im Personalbestand geben.
- ▷ Das Darlehen von 240 muss zu 5% verzinst werden. Die Zinstermine sind 30. April und 31. Oktober.
- ▷ Der Mietzins muss Anfang Jahr für das ganze Jahr zum Voraus entrichtet werden.
- ▷ Die Bambino GmbH beabsichtigt, Anfang März ein neues Fahrzeug für 40 gegen bar zu kaufen. Im April wird ein altes Fahrzeug zum Buchwert von 5 bar verkauft.
- ▷ Aufgrund des Vorjahresgewinnes wird an der Generalversammlung vom nächsten Mai voraussichtlich eine Dividende von 20 beschlossen. Die Nettodividende von 65% wird sofort ausbezahlt, die Verrechnungssteuer innert 30 Tagen an die eidgenössische Steuerverwaltung überwiesen.
- ▷ Die flüssigen Mittel betrugen Ende Vorjahr 30.

Aufgaben

a) Wie hoch ist die Bruttogewinnmarge?

b) Wie hoch ist der Kreditorenbestand Anfang Jahr?

c) Wie hoch ist der Warenvorrat Anfang Januar?

d) Wie lassen sich die schwankenden Monatsergebnisse erklären?

e) Erstellen Sie mithilfe des Lösungsblattes ein Liquiditätsbudget.

f) Geben Sie einen Kurzkommentar zur Zahlungsbereitschaft der Bambino GmbH.

g) Wie hoch ist der Debitorenbestand am Ende der Budgetperiode?

h) Warum wird im Dezember voraussichtlich trotz eines hohen Gewinnes ein bedeutender Cashdrain entstehen?

Erfolgsbudget

Warenertrag
./. Warenaufwand
./. Personalaufwand
./. Zinsaufwand
./. Mietaufwand
./. Abschreibungen
./. Übriger Baraufwand
= **Erfolg**

Liquiditätsbudget

Zahlungen von Kunden
./. Zahlungen an Lieferanten
./. Zahlungen ans Personal
./. Kapitalzinszahlungen
./. Mietzinszahlungen
./.
= **Cashflow**
./. Kauf Fahrzeug (Investierung)
+ Verkauf Fahrzeug (Desinvestierung)
./. Dividendenzahlungen (Definanzierung
= **Zu-/Abnahme flüssige Mittel**

Bestand an flüssigen Mitteln

Flüssige Mittel Ende Monat

uar	Februar	März	April	Mai	Juni	Juli	August	Sept.	Okt.	Nov.	Dez.	Total
100	100	110	120	130	140	150	140	130	120	110	180	1 530
– 60	– 60	– 66	– 72	– 78	– 84	– 90	– 84	– 78	– 72	– 66	– 108	– 918
– 26	– 26	– 26	– 26	– 26	– 26	– 26	– 26	– 26	– 26	– 26	– 26	– 312
– 1	– 1	– 1	– 1	– 1	– 1	– 1	– 1	– 1	– 1	– 1	– 1	– 12
– 5	– 5	– 5	– 5	– 5	– 5	– 5	– 5	– 5	– 5	– 5	– 5	– 60
– 4	– 4	– 4	– 5	– 5	– 5	– 5	– 5	– 5	– 5	– 5	– 5	– 57
– 10	– 10	– 10	– 11	– 12	– 13	– 13	– 13	– 12	– 11	– 10	– 15	– 140
– 6	**– 6**	**– 2**	**0**	**3**	**6**	**10**	**6**	**3**	**0**	**– 3**	**20**	**31**

uar	Februar	März	April	Mai	Juni	Juli	August	Sept.	Okt.	Nov.	Dez.	Total

uar	Februar	März	April	Mai	Juni	Juli	August	Sept.	Okt.	Nov.	Dez.

4.05

Um die Zahlungsbereitschaft zu sichern, erstellt die Handelsgesellschaft **Tempora GmbH** ein Liquiditätsbudget. Die Wirtschaftlichkeit der einzelnen Monate soll auf der Basis des Erfolgsbudgets beurteilt werden.

In dieser Aufgabe ist davon auszugehen, dass das Liquiditätsbudget korrekt erstellt wurde. Hingegen weist das Erfolgsbudget noch einige Fehler auf, die zu korrigieren sind (Lösung in die Aufgabenstellung hineinschreiben).

Zusätzliche Informationen

- ▷ Die Verkäufe erfolgen auf Kredit. Die Kunden zahlen in 30 Tagen. Die Debitorenbestände betragen: Ende Vorjahr 240, Ende Berichtsperiode 360.
- ▷ Es gibt keine Vorratsveränderungen. Die Einkäufe erfolgen in der gleichen Periode wie die Verkäufe; sie werden in 30 Tagen bezahlt. Die Kreditorenbestände betragen: Ende Vorjahr 160, Ende Berichtsperiode 240.
- ▷ Kontokorrent und Darlehen bleiben in ihrer Höhe übers ganze Jahr unverändert. (Dies ist vor allem beim Kontokorrent eine vereinfachende Annahme, um den Rechenaufwand zu minimieren.)
- ▷ Die Kapitalzinsen sind nachschüssig, die Mietzinsen vorschüssig zu entrichten.
- ▷ Der diverse Aufwand wurde periodenrichtig erfasst.

Liquiditätsbudget

	Zahlungen von Kunden
./.	Zahlungen an Lieferanten
./.	Zahlungen ans Personal
./.	Zinszahlungen Darlehen
./.	Zinszahlungen Kontokorrent
./.	Mietzinszahlungen
./.	Zahlungen diverser Aufwand
=	**Cashflow**
./.	Käufe Anlagevermögen
./.	Dividendenauszahlung
=	**Veränderung flüssige Mittel**

Erfolgsbudget

	Warenertrag
./.	Warenaufwand
./.	Personalaufwand
./.	Zinsaufwand Darlehen
./.	Zinsaufwand Kontokorrent
./.	Mietaufwand
./.	Abschreibungen
./.	Diverser Aufwand
=	**Erfolg**

uar	Februar	März	April	Mai	Juni	Juli	August	Sept.	Okt.	Nov.	Dez.	Total
240	270	270	300	300	300	300	270	270	300	300	300	3 420
160	– 180	– 180	– 200	– 200	– 200	– 200	– 180	– 180	– 200	– 200	– 200	– 2 280
60	– 60	– 60	– 60	– 60	– 60	– 60	– 60	– 60	– 60	– 60	– 120	– 780
			– 6						– 6			– 12
		– 3			– 3			– 3			– 3	– 12
60												– 60
15	– 14	– 16	– 15	– 15	– 15	– 14	– 15	– 16	– 16	– 15	– 18	– 184
55	**16**	**11**	**19**	**25**	**22**	**26**	**15**	**11**	**18**	**25**	**– 41**	**92**
30												– 30
			– 40									– 40
85	**16**	**11**	**– 21**	**25**	**22**	**26**	**15**	**11**	**18**	**25**	**– 41**	**22**

uar	Februar	März	April	Mai	Juni	Juli	August	Sept.	Okt.	Nov.	Dez.	Total
240	270	300	300	300	300	270	270	300	300	300	360	3 510
160	– 180	– 200	– 200	– 200	– 200	– 180	– 180	– 200	– 200	– 200	– 240	– 2 340
60	– 60	– 60	– 60	– 60	– 60	– 60	– 60	– 60	– 60	– 60	– 120	– 780
			– 6						– 6			– 12
		– 3			– 3			– 3			– 3	– 12
60												– 60
											– 48	– 48
15	– 14	– 16	– 15	– 15	– 15	– 14	– 15	– 16	– 16	– 15	– 18	– 184
55	**16**	**21**	**19**	**25**	**22**	**16**	**15**	**21**	**18**	**25**	**– 69**	**74**

4.06

Zwei Ingenieure und eine Kauffrau gründen unter der Firma **Safety First AG** eine Aktiengesellschaft, um auf dem Gebiet der Sicherheit vor unglücksmässigen Ereignissen bei technischen Systemen (mit Schwergewicht im Bereich des Umgangs mit explosionsgefährlichen Stoffen) als Berater tätig zu sein.

Das von den drei Aktionären aufgebrachte Eigenkapital von Fr. 100 000.– reicht nicht aus für die Finanzierung der Unternehmung, weshalb der lokalen Bank ein Kreditgesuch für einen Kontokorrentkredit unterbreitet wird. Die Bank verlangt zur Kreditprüfung eine **Plan-Erfolgsrechnung,** eine **Plan-Geldflussrechnung** sowie eine **Plan-Bilanz** per Ende Jahr.①

Erstellen Sie die verlangten Planungsrechnungen aufgrund der folgenden Angaben (Beträge in Fr. 1000.–):

Gründung	Gründungsdatum ist der 1. September 20_1.
Aktienkapital	100, Bareinzahlung durch die Aktionäre per 1. September 20_1.
Gründungsaufwand	Für Stempelsteuern, öffentliche Beurkundungen, Handelsregistereintrag und Beratung durch einen Treuhänder entstehen im September Ausgaben von 10, die sofort als Aufwand verbucht werden.
Investitionen	Im September werden für 160 Büromöbel, Geräte, EDV-Hard- und Software sowie Fachliteratur gegen bar gekauft. Dieses Anlagevermögen soll linear abgeschrieben werden; 20_1 insgesamt um 16.
Honorarertrag	Da aufgrund der bisherigen Geschäftsbeziehungen der drei Gründer schon potenzielle Auftraggeber vorhanden sind, kann nach Geschäftseröffnung sofort mit der Beratertätigkeit begonnen und im Oktober 20_1 bereits ein erstes Mal fakturiert werden. Es ist mit folgenden Umsätzen zu rechnen: Oktober 40, November 60, Dezember 80. Ende Jahr bestehen keine Aufträge in Arbeit. Die Kunden zahlen voraussichtlich einen Monat nach Rechnungsstellung.
Lohnaufwand	Die drei Gründer arbeiten vorläufig alleine im Betrieb und beziehen vorsichtshalber einen bescheidenen Monatslohn von je 5 und Ende Jahr eine Gratifikation von je 4. Auf die Ermittlung und Abrechnung der Sozialabgaben wie AHV/IV/EO/ALV, PK und UVG wird hier der Einfachheit halber verzichtet.
Mietaufwand	Es wird stilvoll ein kleines Einfamilienhaus am Stadtrand gemietet. Der Mietzins beträgt 5 im Monat und muss jeweils für ein Vierteljahr im Voraus bezahlt werden (Zinstermine Anfang September, Dezember, März und Juni).
Kapitalzinsaufwand	Für den Kontokorrentkredit bei der Bank kann mit folgendem Zinsaufwand gerechnet werden: September 6, Oktober 8, November 7, Dezember 8. Diese Zinsen werden jeweils am Ende eines Quartals (Ende September, Dezember, März und Juni) zur Zahlung fällig.
Übriger Baraufwand	Für Energieverbrauch, Unterhalt und Reparaturen, Versicherungen, Büroaufwand sowie Diverses ist im Monat durchschnittlich mit 6 zu rechnen (Aufwand = Ausgabe).
Steuern, Dividenden	Gewinn- und Kapitalsteuern sowie Gewinnausschüttungen können vorläufig vernachlässigt werden.

① Um den Rechenaufwand im Rahmen der Schulung klein zu halten, sind hier die Budgets nur für die ersten vier Monate zu erstellen. Die Bank verlangt in Wirklichkeit wahrscheinlich Budgets für zwei Jahre, d.h. für 24 Monate.

Plan-Erfolgsrechnung (Erfolgsbudget) 20_1

Text	Sept.	Oktober	November	Dezember	Total
Honorarertrag (Umsatz)					
./. Lohnaufwand					
./. Mietaufwand					
./. Kapitalzinsaufwand					
./.					
./.					
./. Gründungsaufwand					
= **Erfolg**					

Plan-Geldflussrechnung (Liquiditätsbudget, Finanzplan) 20_1

Text	Sept.	Oktober	November	Dezember	Total
Zahlungen von Kunden					
./. Lohnzahlungen					
./. Mietzinszahlungen					
./. Kapitalzinszahlungen					
./.					
./. Gründungsaufwand					
=					
./. Investitionen					
= **Kapitalbedarf (Finanzierungslücke)**					
+					
= **Veränderungen der flüssigen Mittel**					
Bestand der Kontokorrentschuld jeweils Ende Monat					

Für die Plan-Bilanz gibt es kein Lösungsblatt.

4.07

Die Gesamtrechnungen der **SeisMeses AG** sind nach folgenden Angaben zu vervollständigen:

▷ Die Kunden zahlen die Rechnungen einen Monat nach Rechnungsstellung.

▷ Die Bruttogewinnmarge beträgt konstant 40%.

▷ Die Wareneinkäufe erfolgen einen Monat vor dem Verkauf. Die Lieferantenrechnungen werden je zur Hälfte im laufenden und im Folgemonat bezahlt.

▷ Das Darlehen muss jeweils Ende Mai nachschüssig zu 6% verzinst werden.

▷ Die Abschreibungen erfolgen linear.

▷ Anfang Mai wird ein Lieferwagen für 59 gekauft, der sofort in Betrieb genommen und im Juni bezahlt wird. Die Abschreibung erfolgt linear über eine Nutzungsdauer von 4 Jahren auf einen Restwert von 11.

▷ An der Generalversammlung vom 23. April wird eine Dividendenausschüttung von 10% beschlossen, die im Mai ausbezahlt wird. Die Reservenzuweisung beträgt 8.

▷ Im Mai wird eine Aktienkapitalerhöhung von nominell 50 und einem Agio von 40% durchgeführt (Barliberierung).

Eröffnungsbilanz 1. 1. 20_1

Flüssige Mittel	50	Kreditoren	90
Debitoren	500	Transitorische Passiven	7
Warenvorrat	180	Darlehen	200
Sachanlagen	300	Aktienkapital	400
		Reserven	280
		Gewinnvortrag	53
	1 030		1 030

Schlussbilanz 30. 6. 20_1

Flüssige Mittel		Kreditoren	250
Debitoren		Transitorische Passiven	
Warenvorrat		Darlehen	
Sachanlagen		Aktienkapital	
		Reserven	
		Gewinnvortrag	
		Gewinn	

Erfolgsrechnung 1. 1. bis 30. 6. 20_1

	Januar	Februar	März	April	Mai	Juni	Total
Verkaufsertrag	300	200	400	500	600	400	2 400
./. Warenaufwand							
./. Zinsaufwand							
./. Abschreibungen Sachanlagen					– 7	– 7	
./. Übriger Aufwand	– 145	– 140	– 150	– 152	– 160	– 150	– 897
= Gewinn							

Wareneinkäufe 1. 1. bis 30. 6. 20_1

	Januar	Februar	März	April	Mai	Juni	Total
Wareneinkäufe							

Liquiditätsbudget 1. 1. bis 30. 6. 20_1

	Januar	Februar	März	April	Mai	Juni	Total
Zahlungen von Kunden							
./. Zahlungen an Lieferanten							
./.							
./. Zahlungen für übrigen Aufwand	– 145	– 140	– 150	– 152	– 160	– 150	– 897
= Operativer Cashflow							
./. Kauf Sachanlagen							
+ Aktienkapitalerhöhung mit Agio							
./. Dividendenausschüttung							
= Veränderungen flüssige Mittel							

Bestände an flüssigen Mitteln 1. 1. bis 30. 6. 20_1

	Januar	Februar	März	April	Mai	Juni
Flüssige Mittel						

4.08

Die Gesamtrechnungen der **Testautuno AG** sind nach folgenden Angaben zu vervollständigen:

- ▷ Die Kunden zahlen die Rechnungen zu einem Drittel im laufenden Monat, zu einem Drittel im Folgemonat und zu einem Drittel im übernächsten Monat. Beispiel: Verkauf im August; Zahlung ⅓ im August, ⅓ im September und ⅓ im Oktober.
- ▷ Die Wareneinkäufe erfolgen einen Monat vor dem Verkauf. 20% der Lieferantenrechnungen werden in 30 Tagen bezahlt und 80% der Rechnungen in 60 Tagen. Beispiel: Die Einkäufe vom April werden zu 20% im Mai und zu 80% im Juni bezahlt.
- ▷ Die Bruttogewinnmarge beträgt konstant 25%.
- ▷ Im Personalbestand gibt es unter dem Jahr weder Fluktuationen noch Lohnänderungen. Ende Dezember wird ein 13. Monatslohn ausbezahlt.
- ▷ Auf Ende Januar ist der Kauf eines Lieferwagens für 66 geplant. Inbetriebnahme Anfang Februar, Zahlung Anfang März. Die Abschreibung erfolgt linear über eine Nutzungsdauer von 5 Jahren auf einen Restwert von 6.
- ▷ An der Generalversammlung im März werden voraussichtlich eine Dividende von 40 sowie eine Reservenzuweisung von 4 beschlossen. 65% sind sofort an die Aktionäre auszuzahlen. Die Verrechnungssteuer von 35% ist im nächsten Monat fällig.
- ▷ Im März findet eine Aktienkapitalerhöhung von nominell 50 mit einem Agio von 70% statt (Barliberierung).

Eröffnungsbilanz 1. 1. 20_1

Flüssige Mittel	50	Kreditoren LL	540
Debitoren LL	500	Aktienkapital	400
Warenvorrat	180	Reserven	215
Sachanlagen	470	Gewinnvortrag	45
	1 200		1 200

Erfolgsrechnung Q1 20_1

	Januar	Februar	März	Total
Verkaufsertrag	240	360	420	1 020
./. Warenaufwand	– 180	– 270	– 315	– 765
./. Personalaufwand				
./. Abschreibungen	– 3			
./. Übriger Aufwand	– 41	– 45	– 48	– 134
= Gewinn				

Liquiditätsbudget Q1 20_1

	Januar	Februar	März	Total
Zahlungen von Kunden				
./. Zahlungen an Lieferanten	– 396			
./. Zahlungen ans Personal	– 24	– 24	– 24	– 72
./. Zahlungen für übrigen Aufwand	– 41	– 45	– 48	– 134
= Operativer Cashflow	– 81			
./. Kauf Sachanlagen				
./. Dividendenauszahlung				
+ Aktienkapitalerhöhung mit Agio				
= Veränderungen flüssige Mittel	– 81			

Schlussbilanz 31. 3. 20_1

Flüssige Mittel		Kreditoren LL	
Debitoren LL	400		
Warenvorrat	360		
Sachanlagen		Aktienkapital	
		Reserven	
		Gewinnvortrag	
		Gewinn	

4.09

Die Gesamtrechnungen der **Trimestre AG** sind nach folgenden Angaben zu vervollständigen:

▷ Die Kunden zahlen die Rechnungen zu einem Drittel im laufenden Monat, zu einem Drittel im Folgemonat und zu einem Drittel im übernächsten Monat. Beispiel: Verkauf im August; Zahlung ⅓ im August, ⅓ im September und ⅓ im Oktober.

▷ Die Bruttogewinnmarge beträgt 40%.

▷ Die Wareneinkäufe erfolgen einen Monat vor dem Verkauf. Die Lieferantenrechnungen werden je zur Hälfte in 30 Tagen und 60 Tagen bezahlt. Beispiel: Einkauf im April, Zahlung ½ im Mai und ½ im Juni.

▷ Anfang Februar wird ein Lieferwagen für 55 gekauft, der sofort in Betrieb genommen und im März bezahlt wird. Die Abschreibung erfolgt linear über eine Nutzungsdauer von 4 Jahren auf einen Restwert von 7.

▷ Im März findet eine Aktienkapitalerhöhung von nominell 40 und einem Agio von 60% statt (Barliberierung).

Eröffnungsbilanz 1. 1. 20_1

Flüssige Mittel	______	Kreditoren	99
Debitoren	140	Aktienkapital	150
Warenvorrat	______	Reserven	89
Sachanlagen	160	Gewinnvortrag	28
	366		366

Erfolgsrechnung Q1 20_1

	Januar	Februar	März	Total
Verkaufsertrag	90	150	180	420
./. Warenaufwand				
./. Abschreibungen Sachanlagen	– 2			
./. Übriger Aufwand	– 44	– 52	– 56	– 152
= Gewinn				

Liquiditätsbudget Q1 20_1

	Januar	Februar	März	Total
Zahlungen von Kunden		130		
./. Zahlungen an Lieferanten				
./. Zahlungen für übrigen Aufwand	– 44	– 52	– 56	– 152
= Operativer Cashflow				
./. Kauf Sachanlagen				
+ Aktienkapitalerhöhung mit Agio				
= Veränderungen flüssige Mittel				

Schlussbilanz 31. 3. 20_1

Flüssige Mittel		Kreditoren	
Debitoren		Aktienkapital	
Warenvorrat	72	Reserven	
Sachanlagen		Gewinnvortrag	
		Gewinn	

4.10

Die auf den Einkauf und Verkauf von elektronischen Bauteilen spezialisierte **Microtrade** budgetiert das Jahr 20_2. Ausgangspunkt bildet die Schlussbilanz vom 31. 12. 20_1.

Schlussbilanz 31. 12. 20_1

Flüssige Mittel	70	Kreditoren	210
Debitoren	180	Aufgelaufene Zinsen	4
Warenvorräte	80	Hypothek	240
Anlagevermögen	400	Aktienkapital	200
		Reserven und Gewinnvortrag	76
	730		730

Plan-Erfolgsrechnung 20_2

	1. Quartal	2. Quartal	3. Quartal	4. Quartal	Total
Verkaufserträge	400	300	600	500	1 800
./. Warenaufwand	– 240	– 180	– 360	– 300	– 1 080
= Deckungsbeitrag (Bruttogewinn)	**160**	**120**	**240**	**200**	**720**
./. Personalaufwand	– 65	– 65	– 65	– 65	– 260
./. Mietaufwand (bar)	– 30	– 30	– 30	– 30	– 120
./. Hypothekarzinsaufwand	– 3	– 3	– 3	– 3	– 12
./. Übriger Baraufwand	– 55	– 55	– 55	– 55	– 220
./. Abschreibungen	– 10	– 10	– 11	– 11	– 42
= Erfolg	**– 3**	**– 43**	**76**	**36**	**66**

Zusätzliche Angaben zur Planung

- ▷ Die Verkäufe erfolgen auf Kredit. Die eine Hälfte der Kunden zahlt noch im laufenden Quartal, die andere Hälfte im Folgequartal.
- ▷ Die gegen Rechnung getätigten Wareneinkäufe erfolgen zu einem Drittel im Vorquartal und zu zwei Dritteln im laufenden Quartal. Die Lieferantenrechnungen werden jeweils im Folgequartal bezahlt. Für die Ermittlung der Wareneinkäufe ist die Lösungshilfe zu verwenden.
- ▷ Im Dezember wird ein 13. Monatslohn ausbezahlt.
- ▷ Zinstermine für die Hypothek sind der 28. Februar sowie der 31. August.
- ▷ Im August ist der Barkauf einer Liegenschaft für 170 geplant.
- ▷ Im Juni soll eine Aktienkapitalerhöhung von nominell 50 mit einem Agio von 20 durchgeführt werden (Barliberierung).
- ▷ Es ist vorläufig keine Gewinnausschüttung vorgesehen.

Aufgabe

Erstellen Sie die Planmittelflussrechnung für das Jahr 20_2 sowie die Planbilanz per 31. 12. 20_2 auf dem Lösungshilfsblatt.

Ermittlung der Wareneinkäufe

	1. Quartal	2. Quartal	3. Quartal	4. Quartal	Total
Einkäufe für laufendes Quartal					XXX
Einkäufe für nächstes Quartal					XXX
Total Einkäufe					1 090

Plan-Geldflussrechnung 20_2

	1. Quartal	2. Quartal	3. Quartal	4. Quartal	Total
Zahlungen von Kunden					
./. Zahlungen an Lieferanten					
./. Lohnzahlungen					
./. Mietzinszahlungen					
./. Hypothekarzinszahlungen					
./. Übriger Baraufwand					
= **Cashflow (Cashdrain)**					
./. Kauf Liegenschaft					
+ AK-Erhöhung (nominal)					
+ Agio					
= **Veränderung flüssige Mittel**					

Plan-Bilanz 31. 12. 20_2

Aktiven		Passiven	
Flüssige Mittel		Kreditoren	
Debitoren		Aufgelaufene Zinsen	
Warenvorräte		Hypothek	
Anlagevermögen		Aktienkapital	
		Reserven und Gewinnvortrag	

4.11

Die **Provita AG** stellt vitalitätsfördernde Produkte her. Um den drohenden Liquiditätsengpass zu überbrücken, beantragt sie bei ihrer Hausbank eine höhere Kreditlimite. Die Bank verlangt zur Kreditprüfung eine Planerfolgsrechnung sowie einen Finanzplan für das erste Halbjahr 20_2.

a) Erstellen Sie mithilfe des Lösungsblattes die von der Bank verlangten Unterlagen.

b) Welche Mindestkreditlimite soll die Geschäftsleitung mit ihrer Hausbank aushandeln?

Angaben zum Geschäftsgang

▷ Die Umsatzentwicklung wird wie folgt prognostiziert:

November	Dezember	Januar	Februar	März	April	Mai	Juni
240	330	180	270	360	240	210	180

▷ Die Zahlungseingänge werden aufgrund von Erfahrungen geschätzt: Ein Drittel der Verkäufe erfolgt gegen bar. Je die Hälfte der Kreditkunden zahlt im nächsten bzw. übernächsten Monat.

▷ Der Materialaufwand beträgt einen Drittel des Umsatzes des betreffenden Monats. Die Einkäufe und die Produktion erfolgen im gleichen Monat wie die Verkäufe. Bezahlt werden die Einkäufe je zur Hälfte im nächsten und im übernächsten Monat.

▷ Die Lohngemeinkosten betragen unabhängig vom Umsatz 30 im Monat. Die Lohneinzelkosten betragen 20% des jeweiligen Monatsumsatzes. Es gibt keine Gratifikationen bzw. 13. Monatslöhne.

▷ Die Mietzinse betragen 60 pro Quartal. Sie werden jeweils am Quartalsanfang bezahlt.

▷ Ein Darlehen von 300 muss halbjährlich am 28. Februar und am 31. August zu 8% p. a. verzinst werden.

▷ Die vierteljährlich jeweils am Quartalsende zu bezahlenden Kontokorrentzinsen können erst ermittelt werden, wenn der effektive Kontoumsatz bekannt ist. Rechnen Sie der Einfachheit halber vorläufig mit monatlich 1 im ersten Quartal und monatlich 2 im zweiten Quartal.

▷ Die Abschreibungen betragen monatlich 10 (Januar und Februar) bzw. 11 (März bis Juni).

▷ Der übrige Baraufwand beträgt 35 im Monat.

▷ Im April werden aufgrund des Vorjahresgewinnes 80 Dividenden ausgeschüttet.

▷ Ende März und Ende Juni sind Steuerzahlungen von je 25 fällig.

▷ Am 10. Mai wird ein erhaltenes Darlehen von 10 zur Rückzahlung fällig.

▷ Noch im November wurde ein neuer Lieferwagen für 70 bestellt, der im Februar geliefert werden soll und im März zu bezahlen ist.

▷ Der Kassen- und Postscheckkontobestand soll aus Sicherheitsgründen immer 5 betragen, d.h., die Veränderungen an flüssigen Mitteln müssen über den Bank-Kontokorrentkredit gebucht werden.

▷ Die bisherige Kreditlimite der Hausbank betrug 100; sie ist Ende 20_1 zu 90% ausgeschöpft.

Plan-Erfolgsrechnung (Erfolgsbudget) 1. Semester 20_2

Text	November	Dezember	Januar	Februar	März	April	Mai	Juni
Verkaufserlös								
./. Materialaufwand								
./. Einzellöhne								
./. GK-Löhne								
./. Mietaufwand								
./. Zinsaufwand Darlehen								
./. Zinsaufwand Kontokorrent								
./. Abschreibungen								
./. Diverser Aufwand								
= **Erfolg** (vor Steuern)								

Finanzplan (Liquiditätsbudget) 1. Semester 20_2

Text	Januar	Februar	März	April	Mai	Juni
Zahlungen von Kunden						
./. Zahlungen an Lieferanten						
./. Lohnzahlungen						
./. Mietzinszahlungen						
./. Zinszahlungen Darlehen						
./. Zinszahlungen Kontokorrent						
./. Diverser Baraufwand						
Cashflow (brutto)						
./. Dividenden						
./. Steuern						
= **Cashflow (netto)**						
./.						
= **Kapitalüberschuss/-bedarf**						
./. Definanzierungen						
= **Veränderung flüssige Mittel**①						
Endbestand Kontokorrentkredit						

① Wie sie sich ohne zusätzliche Beanspruchung des Kontokorrentkredites ergäbe.

4.12

Für die **Negozio AG** sind im Rahmen der operativen Planung die Gesamtpläne für die Jahre 20_1 und 20_2 aufzustellen. Alle Frankenwerte sind auf ganze Kurzzahlen genau zu ermitteln. Einige Beträge sind bereits definitiv auf der nebenstehenden Lösungshilfe eingetragen.

Zahlenmaterial

▷ Die Warenverkäufe erfolgen auf Kredit. Der Verkaufsumsatz soll im Jahr 20_2 um 20% gesteigert werden (gegenüber dem Vorjahr).

▷ Die Bruttogewinnmarge wird voraussichtlich konstant bleiben.

▷ Die Kreditoren betreffen ausschliesslich Lieferanten von Waren.

▷ Der Zinsertrag (= Einnahme) wird mit 7% auf dem Bestand an flüssigen Mitteln am Ende des jeweiligen Vorjahres geplant.

▷ Der Personalaufwand (= Ausgabe) soll 10% des Verkaufsumsatzes betragen.

▷ Die Zinstermine für die Hypothek sind Mitte und Ende Jahr. Es ist davon auszugehen, dass sich der Zinsfuss in den zwei Jahren nicht ändert.

▷ Die übrigen Baraufwände werden in allen Jahren mit 15% des Verkaufsumsatzes veranschlagt.

▷ Die Abschreibungen betragen bei den Mobilien 40% und bei den Liegenschaften 5% des Buchwerts am Ende des jeweiligen Vorjahres.

▷ Im Jahr 20_1 sind Barkäufe neuer Mobilien für 30 geplant, im Jahr 20_2 für 25. Ausserdem sollen im Jahr 20_1 nicht mehr benötigte Mobilien zum Buchwert von 10 gegen bar veräussert werden. Alle Käufe und Verkäufe von Mobilien wirken sich bezüglich der Abschreibungen erst im Folgejahr aus.

▷ Mitte 20_2 ist der Barkauf einer Liegenschaft für 200 einzuplanen. Diese wird beim Kauf zu 50% mit einer neuen Hypothek belehnt. Die neue Liegenschaft wird erst ab 20_3 abgeschrieben.

▷ Für 20_2 ist eine Aktienkapitalerhöhung zum Nominalwert von 70 vorgesehen (Barliberierung).

▷ Der Jahresgewinn wird jeweils am Ende eines Geschäftsjahres auf den Gewinnvortrag gebucht und im Folgejahr je zur Hälfte als Dividendenauszahlung an die Aktionäre und zur Reservebildung verwendet.

▷ Die steuerlichen Folgen der geplanten Transaktionen können im Rahmen dieser Aufgabe vernachlässigt werden (zum Beispiel die Ertrags- und Kapitalsteuern oder die Mehrwertsteuern).

Schlussbilanzen

Aktiven	20_0	20_1	20_2
Flüssige Mittel	20		
Debitoren	90	100	110
Warenvorräte	70	77	85
Mobilien	50		
Immobilien	140		
	370		

Passiven	20_0	20_1	20_2
Kreditoren	60	69	79
Hypotheken	80		
Aktienkapital	150		
Reserven	56		
Gewinnvortrag	24		
	370		

Geldflussrechnungen (Finanzpläne)

	20_1	20_2
Zahlungen von Kunden		
Zahlungen an Lieferanten		
Zahlungen ans Personal		
Zahlungen für übrigen Aufwand		
Zinseinnahmen		
Zinsausgaben		
Cashflow		
Investitionen		
Desinvestitionen		
Free Cashflow		
Aussenfinanzierung	0	
Definanzierung (Dividende)		
Veränderung flüssige Mittel		

Erfolgsrechnungen

	20_1	20_2
Warenertrag	1 000	
Warenaufwand		
Bruttogewinn	**300**	
Personalaufwand		
Übriger Baraufwand		
Abschreibung Mobilien		
Abschreibung Liegenschaft		
Ergebnis vor Zinsen (EBIT)①		
Zinsertrag		
Zinsaufwand	– 4	
Gewinn		

① **EBIT = Earnings before interest and tax**
Wörtlich übersetzt: Ergebnis vor Zinsen und Steuern. Die Steuern werden in dieser Aufgabe vernachlässigt.

4.13

Erstellen Sie die Gesamtpläne für die **Tresaños SA** aufgrund der folgenden Angaben:

▷ Die Abschreibungen sind linear vorzunehmen.

▷ Auf Anfang April 20_2 ist die Inbetriebnahme eines neuen Lastwagens geplant. Der Kaufpreis beträgt 140, die Nutzungsdauer 5 Jahre und der voraussichtliche Restwert am Ende der Nutzungsdauer 20.

▷ Auf 30. 9. 20_3 (dem jährlichen Zinstermin) ist eine Rückzahlung der Hypothek um 100 einzuplanen. Es ist mit einem konstanten Zinsfuss über alle Perioden zu rechnen.

▷ Im April 20_2 ist eine Aktienkapitalerhöhung mit Barliberierung von 50 mit einem Agio von 30% vorgesehen.

▷ Die Dividendenauszahlung von konstant 10% erfolgt jeweils nach der Generalversammlung im April.

▷ Die Zinserträge auf den flüssigen Mitteln sowie alle Steuerfolgen sind der Einfachheit halber zu vernachlässigen.

(Plan-)Schlussbilanzen per 31. 12.

	20_0 Aktiven	Passiven	**20_1** Aktiven	Passiven	**20_2** Aktiven	Passiven	**20_3** Aktiven	Passiven
Flüssige Mittel	20							
Debitoren LL	200		230		250		290	
Warenvorrat	110		115		140		150	
Sachanlagen	600		540					
Kreditoren LL		137		150		165		169
Aufgelaufener Hypothekarzins		3						
Hypothek		300						
Aktienkapital		350						
Reserven inkl. Gewinnvortrag		90						
Gewinn		50						
	930	930						

Plan-Erfolgsrechnungen

	20_1	20_2	20_3
Verkaufsertrag	2 000	2 200	2 500
./. Warenaufwand	– 1 100	– 1 200	– 1 450
./. Personalaufwand (= Ausgaben)	– 400	– 425	– 440
./. Zinsaufwand			
./. Abschreibungen			
./. Übriger Aufwand (= Ausgaben)	– 390	– 419	– 427
= Gewinn			

Plan-Geldflussrechnungen

	20_1	20_2	20_3
./.			
./. Zahlungen ans Personal			
./.			
./. Zahlungen für übrigen Aufwand			
= Operativer Cashflow			
./.			
= Free Cashflow			
+			
./.			
./.			
=			

4.14

Ein **Bauer** beabsichtigt, auf Ende 20_1 einen **Stallumbau** für Fr. 400 000.– durchzuführen, um damit eine ökologische Betriebsführung zu erreichen. Zur Finanzierung dieses Vorhabens dienen

- ▷ ein Zuschuss von Fr. 200 000.– der öffentlichen Hand à fonds perdu (ohne Rückzahlungs- und Verzinsungspflicht)
- ▷ ein unverzinslicher Investitionskredit von Fr. 60 000.– der öffentlichen Hand, rückzahlbar in 10 Jahresraten (erstmals Ende 20_2)
- ▷ eine per Ende 20_1 gewährte und ab 20_2 zu 4% verzinsliche Hypothek von Fr. 100 000.– mit einer Tilgungspflicht von Fr. 5 000.– pro Jahr (erstmals Ende 20_2)

Der Bauer befürchtet in den nächsten Jahren finanzielle Engpässe, weil die für den Stallumbau fehlenden Mittel von Fr. 40 000.– sowie die Rückzahlungs- und Zinsverpflichtungen aus dem Umsatz finanziert werden müssen und jeweils Anfang 20_2 und 20_3 noch je Fr. 20 000.– für Ersatzinvestitionen (Bandheuer, Motormäher, Kunststoffsilo, Tränkeautomat und Güllenverteilanlage) getätigt werden sollten. Ausserdem erwartet der Bauer eine finanzielle Einbusse beim Verkauf von Landwirtschaftsprodukten: Ab 20_2 ist vor allem aus politischen Gründen (internationale Handelsabkommen) mit einem jährlichen Rückgang des Ertrags um 5% (bezogen auf die Basis 20_1) zu rechnen.

Eine Agro-Treuhänderin empfiehlt dem Bauern das Erstellen eines **Finanzplanes,** weil dieser die Bereiche Umsatz, Investierung und Finanzierung in einer Rechnung zusammenfasst und sich deshalb hervorragend zur Abstimmung der gesteckten Ziele, geplanten Massnahmen und vorhandenen finanziellen Mitteln eignet.

Für die Erstellung des Finanzplanes (Lösungshilfe nebenstehend) stehen folgende Zusatzinformationen zur Verfügung:

- ▷ Im Jahr 20_1 wird aus dem Verkauf von Mastschweinen, Mastkälbern, Rindern und Milchprodukten voraussichtlich ein Verkaufsertrag von Fr. 60 000.– erzielt. Der Einfachheit halber kann davon ausgegangen werden, dass der Ertrag und die Einnahmen in derselben Periode anfallen.
- ▷ An Bundesbeiträgen (Subventionen) kann 20_1 mit Fr. 40 000.– gerechnet werden, später mit Fr. 45 000.– pro Jahr.
- ▷ Es ist jährlich mit einem Aufwand von Fr. 25 000.– für Zukäufe an Jagern (kleine Schweine), Rindviechern, Kälbern, Saatgut und Futtermitteln zu rechnen. Der Personalaufwand von Fr. 14 000.– für das Jahr 20_1 besteht aus dem Lohn für die im Betrieb tätigen Eltern. Dieser Aufwand fällt künftig weg, da die Eltern ab 20_2 AHV-berechtigt sind und – wie das auf dem Land so üblich ist – gratis im Bauernbetrieb des Sohnes arbeiten werden. Weitere jährliche Aufwände: Pachtzinsen Fr. 2 000.–, Reparatur und Unterhalt Fr. 10 000.–, allgemeiner Betriebsaufwand Fr. 13 000.–. Für die bisherigen Schulden (ohne Stallumbau) ist ein jährlicher Zins von Fr. 5 000.– zu veranschlagen. Aufwand und Ausgaben fallen in derselben Periode an.
- ▷ Eine Besonderheit der bäuerlichen Buchhaltung stellt die Vermischung von Geschäfts- und Privatbereich in derselben Buchhaltung dar. An Privatausgaben fallen 20_1 Fr. 28 000.– an. Diese erhöhen sich ab 20_2 auf jährlich Fr. 31 000.–, weil die älteste Tochter auswärts das Gymnasium besuchen wird. Da die Bäuerin noch temporär im Dorfladen arbeitet und der Bauer in der Wintersaison bei der Bergbahn angestellt ist, kann mit einem Nebeneinkommen von jährlich Fr. 30 000.– gerechnet werden. Ausserdem erhält der Bauer Familienzulagen von Fr. 6 000.– pro Jahr.
- ▷ Der Stallneubau muss in 20 Jahren abgeschrieben werden, die Maschinen und Einrichtungen in 10 Jahren. Die bisherigen Abschreibungen (ohne die geplanten Neuinvestitionen) betragen Fr. 12 000.– im Jahr.

Finanzplan (in Fr. 1000.–)

	20_1	20_2	20_3
Betriebsbereich			
+ Verkaufserlöse			
+ Subventionen			
./. Zukäufe			
./.			
./.			
./.			
./.			
./.			
./.			
= **Cashflow (Landwirtschaftsbetrieb)**			
+			
+			
./.			
= **Cashflow (Betrieb + Privat zusammen)**			
Investitionsbereich			
./.			
./.			
= **Finanzierungslücke (–) oder Finanzierungsüberschuss (+)**			
Finanzierungsbereich			
+			
+			
+			
./.			
./.			
./.			
= **Veränderung der flüssigen Mittel**			
Bestand an flüssigen Mitteln (Ende Jahr)			

▷ Bezüglich der bisherigen Schulden besteht eine Tilgungsverpflichtung von Fr. 2000.– pro Jahr. (Die sich aus dieser und anderen Amortisationen ergebende Zinsersparnis kann vernachlässigt werden.)

▷ Ende 20_0 verfügt der Bauer über flüssige Mittel von Fr. 5000.–.

a) Erstellen Sie den Finanzplan für die Jahre 20_1 bis 20_3 in Fr. 1000.–.

b) Ist der Stallumbau finanziell möglich?

c) Wie hoch ist das Einkommen dieses Ehepaars im Jahr 20_2? (Mangels Angaben in dieser Aufgabenstellung sind bei der Einkommensberechnung Grössen wie Naturalbezüge aus dem Bauerngarten oder Eigenmietwert des Wohnhauses zu vernachlässigen.)

4.15

Vervollständigen Sie das nebenstehende Lösungsblatt zu den **Gesamtplänen** bzw. den **Teilplänen** mit folgenden Begriffen:

▷ **Plangeldflussrechnung**
▷ **Planerfolgsrechnung**
▷ **Planbilanz**
▷ **Absatzplan (Umsatzplan)**
▷ Erträge
▷ Aufwände
▷ Gewinn oder Verlust
▷ **Produktionsplan/Verwaltungsplan**
▷ **Investitionsplan**
▷ Geldwirksame Erträge (Einnahmen aus Geschäftstätigkeit)
▷ Geldwirksame Aufwände (Ausgaben aus Geschäftstätigkeit)
▷ Cashflow oder Cashdrain (brutto, vor Dividendenausschüttung)
▷ Dividendenausschüttung
▷ Cashflow (netto, nach Dividendenausschüttung)
▷ +/– Bestandesveränderung Debitoren
▷ +/– Bestandesveränderungen Kreditoren und Lager
▷ +/– Abschreibungen und Rückstellungsbildungen
} = Differenzen zwischen Gewinn und Cashflow
▷ Investitionen
▷ Desinvestitionen
▷ Finanzierungslücke oder Free Cashflow
▷ **Finanzierungsplan**
▷ Aussenfinanzierung
▷ Definanzierung
▷ Zu- oder Abnahme flüssige Mittel

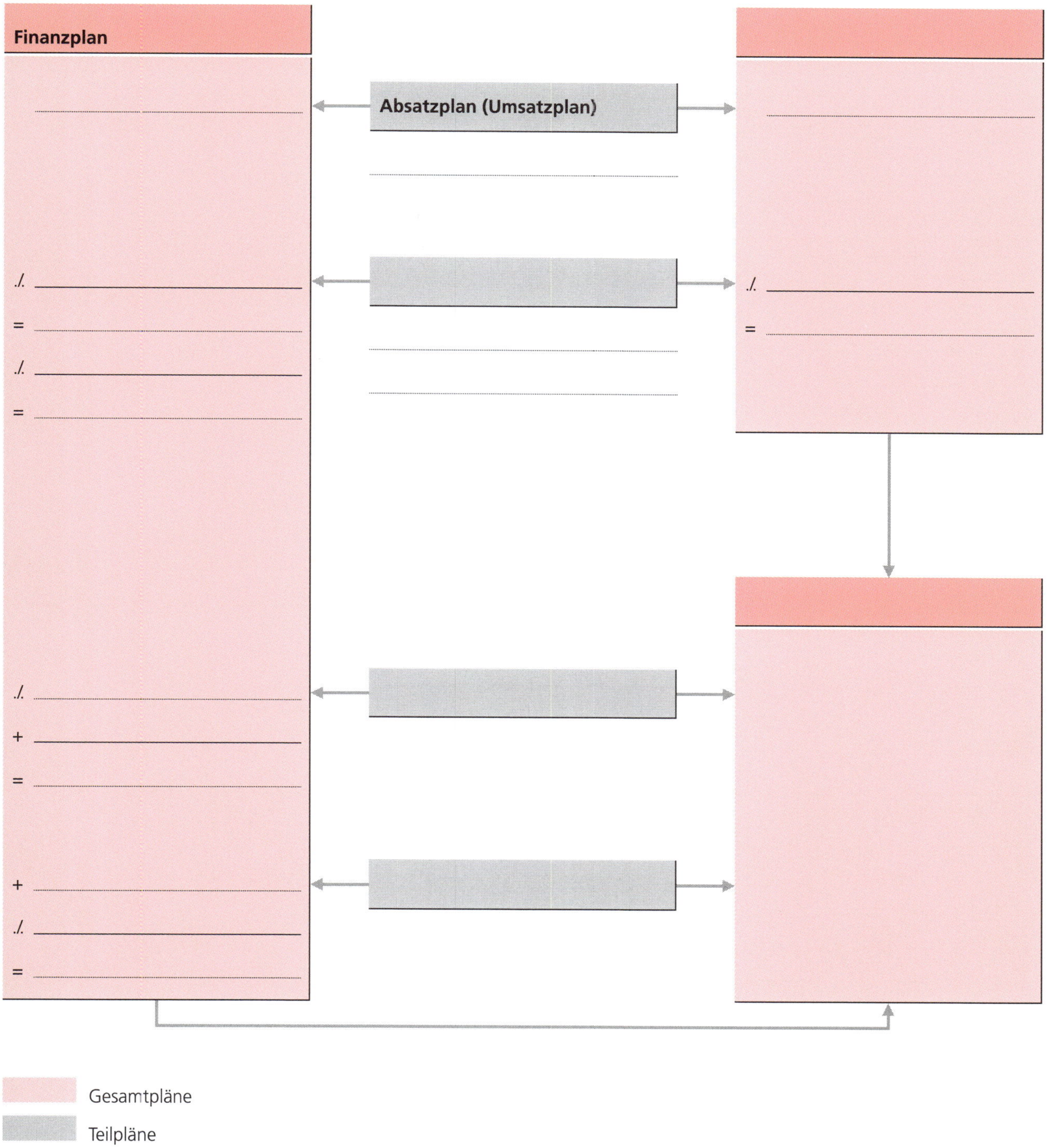
Finanzplan
Absatzplan (Umsatzplan)
./.
=
./.
=
./.
+
=
+
./.
=
./.
=
Gesamtpläne
Teilpläne

4.16

Die Finanzplanung für die nächsten Jahre zeigt steigende **Finanzierungslücken,** sodass die Geschäftsleitung eine Reihe von Massnahmen ins Auge fasst.

Welche Auswirkungen auf die Liquidität haben diese Massnahmen, und welche Probleme (Zielkonflikte) sind damit verbunden?

Nr.	Massnahmen	Wirkungen/Probleme
1	Absatzpreise erhöhen	
2	Werbeaktion	
3	Debitorenfrist senken	
4	Löhne senken	
5	Kreditorenfrist erhöhen	
6	Lagerbestand senken	

Nr.	Massnahmen	Wirkungen/Probleme
7	Abschreibungen erhöhen	
8	Dividenden vermindern	
9	Investitionen hinausschieben	
10	Leasen statt kaufen	
11	Desinvestitionen vornehmen	
12	Aktienkapital erhöhen	
13	Langfristige Verschuldung erhöhen	

5

Cashflow-Analyse

5.01

Dem Jahresabschluss eines Handelsbetriebs können folgende Informationen entnommen werden:

Schlussbilanzen

Aktiven	20_4	20_5	Passiven	20_4	20_5
Flüssige Mittel	7	9	Kreditoren	121	127
Debitoren	96	104	Hypotheken	160	173
Vorräte	45	55	Eigenkapital	97	100
Anlagevermögen	230	232			
	378	400		378	400

Erfolgsrechnung 20_5

Warenertrag	500
./. Warenaufwand	– 300
= Bruttogewinn	**200**
./. Personalaufwand	– 90
./. Abschreibungen	– 22
./. Übriger Aufwand	– 59
= Gewinn vor Zinsen und Steuern (EBIT)	**29**
./. Zinsaufwand	– 5
./. Steueraufwand	– 4
= Gewinn	**20**

Geldflussrechnung 20_5

Betriebsbereich (Cashflow)		
Gewinn	20	
+ Abschreibungen	22	
./. Debitorenzunahme	– 8	
./. Vorratszunahme	– 10	
+ Kreditorenzunahme	6	30
Investitionsbereich		
./. Kauf von Anlagevermögen	– 26	
+ Verkauf von Anlagevermögen	2	– 24
= Free Cashflow		6
Finanzierungsbereich		
+ Aufnahme Hypothek	13	
./. Gewinnausschüttung	– 17	– 4
= Zunahme flüssige Mittel		2

Kennzahl	
Cashflow/Investitions-Verhältnis	
Verschuldungsfaktor	
Zinsdeckungsfaktor	
Cashflow-Marge	

Berechnen Sie die verlangten Kennzahlen, und beurteilen Sie das Ergebnis bzw. den Sinn der Berechnungen stichwortartig.

echnung			Beurteilung
$\frac{\text{Cashflow}}{\text{Netto-Investitionen}}$			
$\frac{\text{Effektivverschuldung}^{①}}{\text{Cashflow}}$			
$\frac{\text{Cashflow + Zins}}{\text{Zins}}$			
$\frac{\text{Cashflow}}{\text{Umsatz}}$			

① Die Effektivverschuldung wird wie folgt ermittelt:

	Fremdkapital (Schulden)	
./.	Flüssige Mittel	
./.	Debitoren	
=	**Effektivverschuldung**	

5.02

In einer Rezessionsphase haben sich wichtige Zahlen einer schweizerischen Maschinenfabrik wie folgt entwickelt:

Effektivverschuldung

	20_1	20_2	20_3
Fremdkapital (kurz- und langfristig)	250	295	325
Flüssige Mittel	20	10	5
Kurzfristige Forderungen	80	85	95

Cashflow

	20_1	20_2	20_3
Gewinn	20	9	– 2
Abschreibungen	25	26	30
Zunahmen Debitoren	0	0	10
Zunahmen Vorräte	1	3	4
Zunahmen Kreditoren	6	8	11

a) Berechnen Sie den Verschuldungsfaktor.

	20_1	20_2	20_3
Effektivverschuldung			
Cashflow			
Verschuldungsfaktor			

b) Erklären Sie anhand dieses Zahlenbeispiels kurz das Wesen und die Bedeutung des Verschuldungsfaktors als Kennzahl.

5.03

Die beiden Gesellschaften X und Y sind bis auf den Zinsfuss für die Verzinsung der Finanzschulden gleich (ceteris paribus)①. Es liegen folgende Zahlen vor:

	Gesellschaft X	Gesellschaft Y
Flüssige Mittel	40	40
Kurzfristige Forderungen	220	220
Operatives Fremdkapital	300	300
Finanzielles Fremdkapital	500	500
Durchschnittlicher Zinsfuss für Finanzschulden	6%	4%
Cashflow	90	100

a) Wie erklären Sie den unterschiedlichen Cashflow?

b) Berechnen Sie den Verschuldungsfaktor sowie den Zinsdeckungsfaktor.

	Gesellschaft X	Gesellschaft Y
Verschuldungsfaktor		
Zinsdeckungsfaktor		

c) Erklären Sie die unterschiedlichen Aussagen von Verschuldungsfaktor und Zinsdeckungsfaktor.

5.04

Wie beurteilen Sie die Qualität der von den Produktionsbetrieben A bis E erzielten Cashflows (ceteris paribus)①?

	A	B	C	D	E
Gewinn	85	30	50	28	45
+ Abschreibungen	20	60	24	40	20
+/– Veränderung Debitoren	– 12	1	29	– 1	– 3
+/– Veränderung Vorräte	– 6	3	– 2	– 2	40
+/– Veränderung Kreditoren	13	6	– 1	35	– 2
Cashflow	100	100	100	100	100
./. Investitionen	– 60	– 60	– 60	– 60	– 60
= Free Cashflow	40	40	40	40	40
./. Gewinnausschüttung	– 35	– 35	– 35	– 35	– 35
= Zunahme flüssige Mittel	5	5	5	5	5

① Der lateinische Begriff *ceteris paribus* bedeutet auf Deutsch *unter sonst gleichen Umständen.*

Mittelflussrechnung zum Fonds Nettoumlaufvermögen (NUV)

6.01

Dem Jahresabschluss eines Handelsbetriebs können folgende Informationen entnommen werden:

Schlussbilanzen

Aktiven / Passiven

	20_0	20_1		20_0	20_1
Flüssige Mittel	30	22	Kreditoren	55	65
Debitoren	60	80	Finanzschulden	90	95
Warenvorrat	80	120	Aktienkapital	150	200
Anlagevermögen	260	298	Reserven	95	99
			Gewinnvortrag	40	61
	430	520		430	520

Erfolgsrechnung 20_1

Warenertrag	900
./. Warenaufwand	– 500
./. Personalaufwand (= Ausgaben)	– 200
./. Abschreibungen	– 40
./. Übriger Aufwand (= Ausgaben)	– 100
= Gewinn	**60**

Zusätzliche Angaben

▷ Alle Ein- und Verkäufe von Waren erfolgten auf Kredit.
▷ Es wurden Anlagevermögen zum Buchwert von 8 veräussert.
▷ Die Gewinnausschüttung betrug 35.

Aufgaben

Erstellen Sie für das Jahr 20_1

▷ eine Mittelflussrechnung zum Fonds *flüssige Mittel* (= Geldflussrechnung)
▷ eine Mittelflussrechnung zum Fonds *Nettoumlaufvermögen*

Geldflussrechnung 20_1

Betriebsbereich (direkt)

Investitionsbereich

Finanzierungsbereich

=

Betriebsbereich (indirekt)

= Cashflow

Mittelflussrechnung zum NUV 20_1

Betriebsbereich (direkt)

Investitionsbereich

Finanzierungsbereich

=

Betriebsbereich (indirekt)

= Cashflow

Aufgaben zur Repetition und Vertiefung

7.01[1]

Von der **Merx AG** liegen die Eröffnungsbilanz sowie die summarisch zusammengefassten Geschäftsfälle in Kurzzahlen vor.

Zu erstellen sind die Gesamtrechnungen gemäss Lösungsblatt

Eröffnungsbilanz 1. 1. 20_6

Aktiven			Passiven		
Umlaufvermögen			**Fremdkapital**		
Flüssige Mittel	3		Kreditoren	40	
Debitoren	50		Hypothek	35	75
Warenvorrat	30	83	**Eigenkapital**		
			Aktienkapital	70	
Anlagevermögen			Reserven	20	
Sachanlagen		90	Gewinnvortrag	8	98
		173			173

Geschäftsfälle 20_6

Nr.	Geschäftsfall	Betrag
1	Rechnungen für den Verkauf von Waren (Verkäufe zu Verkaufspreisen)	500
2	Bankzahlungen von Kunden	495
3	Warenaufwand (Verkäufe zu Einstandspreisen)	300
4	Rechnungen für den Einkauf von Waren	303
5	Bankzahlungen an Warenlieferanten	296
6	Abschreibungen Sachanlagen	20
7	Übriger Aufwand (= Ausgaben)	170
8	Barkauf von Sachanlagen	25
9	Barverkauf von Sachanlagen zum Buchwert	8
10	Amortisation Hypothek	9
11	Dividendenauszahlung	4

[1] Die Aufgaben 7.01 bis 7.09 sind Geldflussrechnungen.
Die Aufgaben 7.20 bis 7.30 sind Planungsrechnungen.

Geldflussrechnung 20_6

=		

Erfolgsrechnung 20_6

=	

Betriebsbereich (indirekt) 20_6

=	

Schlussbilanz 31. 12. 20_6

Aktiven			Passiven		
Umlaufvermögen			**Fremdkapital**		
Flüssige Mittel			Kreditoren		
Debitoren			Hypothek		
Warenvorrat					
			Eigenkapital		
			Aktienkapital		
Anlagevermögen			Reserven	23	
Sachanlagen			Gewinnvortrag		

7.02

Von der **Fabrino AG** sind die Eröffnungsbilanz und die summarischen Geschäftsfälle gegeben. Zu erstellen sind die Rechnungen gemäss Lösungsblatt.

Eröffnungsbilanz

Aktiven		Passiven	
Flüssige Mittel	21	Kreditoren	110
Debitoren	160	Transitorische Passiven	11
Materialvorrat	70	Bankdarlehen	152
Fabrikatevorrat	40	Aktienkapital	180
Sachanlagen	500	Reserven	70
./. Wertberichtigung Sachanlagen	– 240	Gewinnvortrag	28
	551		551

Geschäftsfälle

Nr.	Text	Betrag
1	Fabrikateertrag	600
2	Bestandesänderung (Zunahme) Fabrikate in Arbeit und Fertigfabrikate	20
3	Abnahme Debitoren	40
4	Materialaufwand	240
5	Materialeinkäufe	250
6	Abnahme Kreditoren aus Lieferungen und Leistungen	5
7	Personalaufwand	180
8	Zunahme zeitliche Abgrenzung von Ferienguthaben der Mitarbeiter	4
9	Abschreibungen	60
10	Zinsaufwand	7
11	Abnahme aufgelaufene Schuldzinsen	1
12	Übriger Aufwand (= Ausgabe)	109
13	Veräusserungsgewinn auf bar verkauften Sachanlagen	2
14	Anschaffungswert der verkauften Sachanlagen	14
15	Kumulierte Abschreibungen auf verkauften Sachanlagen	11
16	Kauf von Sachanlagen gegen bar	50
17	Rückzahlung Bankdarlehen	22
18	Dividendenauszahlung	19
19	Reservenzuweisung bei Gewinnverwendung	8

Geldflussrechnung

Betriebsbereich (Cashflow)

Investitionsbereich

Finanzierungsbereich

=

Erfolgsrechnung

= Produktionsertrag

=

Cashflow indirekt

=

Schlussbilanz

Aktiven		Passiven	
Flüssige Mittel		Kreditoren	
Debitoren		Transitorische Passiven	
Materialvorrat		Bankdarlehen	
Fabrikatevorrat		Aktienkapital	
Sachanlagen		Reserven	
./. Wertberichtigung Sachanlagen		Gewinnvortrag	

7.03

Erstellen Sie für die **Moana AG** aufgrund der Geschäftsfälle des Jahres 20_1

▷ die Erfolgsrechnung
▷ die Geldflussrechnung mit direktem Cashflow-Ausweis
▷ eine separate Überleitung vom Gewinn zum Cashflow

Geschäftsfälle 20_1

Nr.	Geschäftsfall	Betrag
1	Warenertrag auf Kredit	2 000
2	Zahlungen von Kunden	2 100
3	Wareneinkäufe auf Kredit	1 300
4	Warenaufwand	1 250
5	Zahlungen an Lieferanten	1 360
6	Personalaufwand (= Ausgaben)	400
7	Abschreibungen Sachanlagen	50
8	Bildung von Rückstellungen	30
9	Zahlung einer Prozessentschädigung zulasten der Rückstellungen (Verbrauch)	28
10	Zinszahlungen	15
11	Zunahme aufgelaufener Zinsaufwand	4
12	Übriger Aufwand (= Ausgaben)	250
13	Zahlung für den Kauf von Sachanlagen	40
14	Einnahmen aus Erhöhung von Finanzschulden	120
15	Kursgewinne auf Beteiligungen (Beteiligungsertrag)	26
16	Zahlung für den Kauf von Beteiligungen	150
17	Dividendeneinnahmen (Beteiligungsertrag)	20
18	Dividendenausschüttung aus dem Vorjahresgewinn	32
19	Reservebildung aus dem Vorjahresgewinn	4
20	Barverkauf eines gebrauchten Fahrzeugs (siehe auch Nr. 21 und 22)	12
21	Anschaffungswert des verkauften Fahrzeugs	44
22	Kumulierte Abschreibungen auf dem verkauften Fahrzeug	34
23	Aktienkapitalerhöhung durch Einbringung einer Sacheinlage	150

7.04

Erstellen Sie für die **Kali AG** aufgrund der summarischen Geschäftsfälle des Jahres 20_1 die Erfolgsrechnung sowie die Geldflussrechnung. Der Cashflow ist in einer Nebenrechnung auch indirekt nachzuweisen.

Geschäftsfälle 20_1

Nr.	Geschäftsfall	Betrag
1	Abnahme aufgelaufene Ferienguthaben der Mitarbeiter	4
2	Abnahme Debitoren aus Lieferungen und Leistungen	50
3	Abnahme Kreditoren aus Lieferungen und Leistungen	38
4	Abnahme Materialvorrat	25
5	Abschreibungen auf geleasten Anlagen	60
6	Barkauf von Sachanlagen	680
7	Barverkauf eines Stücks Land mit einem Buchwert von 390	480
8	Bezahlung von Leasingraten (davon Zinsanteil 20)	79
9	Bildungen von Rückstellungen	127
10	Dividendenausschüttung aufgrund des Vorjahresgewinns	156
11	Einnahmen aus Aktienkapitalerhöhung mit einem Agio von 50%	180
12	Ertrag aus Fabrikateverkäufen auf Kredit	3 750
13	Ordentliche Abschreibungen auf Anlagevermögen im Eigentum	250
14	Personalaufwand	1 250
15	Rohmaterialeinkäufe	1 625
16	Rückzahlung von Hypotheken	160
17	Übriger Baraufwand	500
18	Verkauf (bar) einer ausgedienten Maschine mit einem Buchwert von 65	56
19	Zinsaufwand (ohne Leasing)	100
20	Zahlung zulasten der Rückstellungen (Verbrauch)	7
21	Zunahme aufgelaufener Zinsaufwand	6
22	Zunahme Fabrikatevorrat (Fabrikate in Arbeit und Fertigfabrikate)	110
23	Zunahme Vorauszahlungen von Kunden	75

7.05

Erstellen Sie von der **Sebastiano AG** für das Jahr 20_2 die Geldflussrechnung mit direktem Nachweis des operativen Cashflows sowie eine Überleitungsrechnung vom Gewinn zum operativen Cashflow. Der Anlagespiegel ist zu vervollständigen.

Schlussbilanzen 31. 12.

	20_1	20_2
Flüssige Mittel	11	13
Debitoren LL	84	90
Rechnungsabgrenzung Mietzins	6	4
Warenvorrat	55	82
Sachanlagen	400	490
./. Wertberichtigung Sachanlagen	– 130	– 191
	426	488

	20_1	20_2
Kreditoren LL	72	85
Rechnungsabgrenzung Zinsen	2	3
Hypotheken	110	122
Rückstellungen	12	10
Aktienkapital	150	170
Kapitalreserven	20	30
Gewinnreserven	37	42
Gewinnvortrag	23	26
	426	488

Erfolgsrechnung 20_2

Warenertrag	800
./. Warenaufwand	– 500
./. Personalaufwand (= Ausgabe)	– 107
./. Mietaufwand	– 60
./. Diverser Baraufwand	– 28
./. Abschreibungen	– 70
./. Bildung von Rückstellungen (netto)	– 1
= EBIT	**34**
+ Veräusserungsgewinn Sachanlagen	4
./. Zinsaufwand	– 6
./. Steueraufwand (= Ausgabe)	– 7
= Gewinn	**25**

Rückstellungsspiegel 20_2

	Garantien	Prozesse	Total
Anfangsbestand	8	4	12
+ Bildung	2		2
./. Auflösung		– 1	– 1
./. Verbrauch (Verwendung, Zahlung)		– 3	– 3
= Schlussbestand	10	0	10

Anlagespiegel 20_2

	Immobilien	Einrichtungen	Fahrzeuge	Total
Anschaffungswerte				
Anfangsbestand	200	90		
Käufe	54	15	35	
Abgänge	–	–		
Schlussbestand	**254**	**105**		
Kumulierte Abschreibungen				
Anfangsbestand				
Abschreibungen	– 19	– 23		
Abgänge	–	–		
Schlussbestand				
Buchwerte				
Anfangsbestand	158	31		
Schlussbestand	**193**	**23**		

7.06

Die **Borabora AG** ist ein Industriebetrieb, der vor allem Maschinen für Heimwerker produziert. Über den Geschäftsverkehr des Rechnungsjahres liegen folgende Angaben in alphabetischer Reihenfolge vor:

Nr.	Geschäftsfall	Betrag
1	Abnahme passive Rechnungsabgrenzung für Finanzaufwand	9
2	Abnahme Materiallieferantenkreditoren	20
3	Abnahme Materialvorrat	30
4	Abschreibungen	85
5	Amortisation Betriebskredit der Hausbank (Der Betriebskredit gehört nicht zum Fonds flüssige oder netto-flüssige Mittel)	18
6	Anfangsbestand Materiallieferantenkreditoren (Alle Materialeinkäufe erfolgen auf Kredit)	110
7	Dividendenzahlung	46
8	Durchschnittlicher Debitorenbestand (Alle Verkäufe erfolgen auf Kredit)	300
9	Erfolgswirksame Auflösung von Rückstellungen	41
10	Erhöhung Aktienkapital durch Bareinzahlung (Nominalwert 50, Agio 75)	125
11	Erweiterungsinvestitionen in Produktionsanlagen (bar)	264
12	Finanzaufwand	62
13	Kauf Lastwagen gegen bar	11
14	Materialaufwand	1 030
15	Personalaufwand	750
16	Produktionsertrag	2 490
17	Übriger Betriebsaufwand	390
18	Verkauf Anlagevermögen gegen bar (Anschaffungswert 80, kumulierte Abschreibungen 51)	34
19	Wandelung einer Wandelobligationenanleihe in Aktienkapital (Es gibt keine Wandelprämie; die Spesen sind zu vernachlässigen)	80
20	Zahlung zulasten der Rückstellungen (Verbrauch)	27
21	Zunahme passive Rechnungsabgrenzung für Personal	33
22	Zunahme Debitorenguthaben	40
23	Zunahme Fabrikatevorrat (Halb- und Fertigfabrikate)	90
24	Zunahme Kreditoren für übrigen Betriebsaufwand	13

a) Erstellen Sie die Erfolgsrechnung und die Geldflussrechnung. Der Cashflow ist in einer Nebenrechnung auch indirekt zu ermitteln.

b) Berechnen Sie die durchschnittliche Debitorenfrist sowie die durchschnittliche Kreditorenfrist (für die Materialkreditoren). Das Jahr ist mit 360 Tagen zu rechnen.

7.07

Lösen Sie aufgrund des Geschäftsverkehrs der **Puss AG** folgende Aufgaben:

a) Erstellen Sie die Erfolgsrechnung sowie die Geldflussrechnung. In der Erfolgsrechnung sind der Produktionsertrag und EBIT als Zwischenresultate aufzuführen. Der Cashflow ist in der Geldflussrechnung indirekt als Überleitungsrechnung von EBIT zum Cashflow darzustellen und in einer separaten Rechnung direkt auszuweisen. Die Mittelflussrechnung zeigt ausserdem den Free Cashflow.

b) Berechnen Sie folgende Kennzahlen auf eine Kommastelle genau:

- ▷ Durchschnittliche Debitorenfrist (1 Jahr = 365 Tage)
- ▷ Gesamtkapitalrendite (Return on assets) bei einem Gesamtkapital von 1330
- ▷ Zinsdeckungsfaktor

Geschäftsverkehr

Nr.	Text	Betrag
1	Fabrikateertrag aus Kreditverkäufen	1 000
2	Bestandesänderung Fabrikatevorrat (Fabrikate in Arbeit und Fertigfabrikate)	60
3	Produktionsertrag	940
4	Zahlungen von Kunden	960
5	Anfangsbestand Debitoren aus Lieferungen und Leistungen	120
6	Materialaufwand gemäss Erfolgsrechnung	300
7	Zunahme Materialvorrat	30
8	Zunahme Kreditoren aus Lieferungen und Leistungen (Materiallieferanten)	20
9	Personalaufwand gemäss Erfolgsrechnung	250
10	Zunahme der Ferienguthaben der Mitarbeiter (im Personalaufwand enthalten)	15
11	Mietaufwand gemäss Erfolgsrechnung	60
12	Abnahme vorausbezahlte Mietzinsen	2
13	Abschreibungen von Sachanlagen (inkl. geleaste Anlagen)	50
14	Bankzahlung von Leasingraten für Finanzierungsleasing	45
15	In den bezahlten Leasingraten gemäss Geschäftsfall Nr. 14 ist ein Zinsanteil von 14 enthalten, der als Zinsaufwand erfasst wurde.	14
16	Zinsaufwand inkl. Zinsanteil Finanzierungsleasing (= Ausgaben)	33
17	Diverser Baraufwand gemäss Erfolgsrechnung	154
18	Gewinnsteuern (Aufwand und Ausgabe)	26
19	Kauf von Sachanlagen	182
20	Abnahme Kreditoren (Lieferanten von Sachanlagen)	18
21	Verkauf gebrauchte Sachanlagen mit einem Buchwert von 33 gegen bar für	40
22	Erhöhung Aktienkapital (Nominalwert 100, Agio 40%)	140
23	Dividendenauszahlung (aufgrund des Vorjahresgewinns)	56
24	Rückzahlung (Passiv-)Hypothek	80
25	Neuabschluss eines Finanzierungsleasings. Barwert der Leasingraten	63
26	Übertrag des Gewinns 20_5 auf Gewinnvortrag	74

7.08

Von der **Sidharta AG** sind die Eröffnungsbilanz, die summarischen Geschäftsfälle sowie die Anlage- und Rückstellungsspiegel gegeben. Zu erstellen sind die Rechnungen gemäss Lösungsblatt.

Eröffnungsbilanz 1. 1. 20_4

Aktiven		Passiven	
Flüssige Mittel	15	Kreditoren	64
Debitoren	88	Vorauszahlungen von Kunden	5
Materialvorrat	50	Aufgelaufener Aufwand	2
Fabrikatevorrat	40	Rückstellungen	9
Sachanlagen	290	Finanzschulden	120
./. Wertberichtigung Sachanlagen	– 130	Aktienkapital	100
		Reserven	36
		Gewinnvortrag	17
	353		353

Geschäftsfälle 20_4

Nr.	Text	Betrag
1	Fabrikateverkäufe auf Kredit	940
2	Abnahme Fabrikatevorrat	9
3	Abnahme Debitoren	3
4	Zahlungen von Kunden	945
5	Materialeinkäufe	420
6	Zunahme Materialvorrat	8
7	Zahlungen an Lieferanten	415
8	Zinszahlungen	7
9	Zinsaufwand	6
10	Übriger Aufwand (= Ausgabe)	450
11	Barerlös aus Verkauf von Sachanlagen	6
12	Aktienkapitalerhöhung nominal (Barliberierung)	50
13	Agio bei Aktienkapitalerhöhung	25
14	Amortisation Finanzschulden	15
15	Dividendenauszahlung	14

Anlagespiegel 20_4

Anschaffungswerte	
Anfangsbestand	290
Käufe	115
Verkäufe	– 16
Schlussbestand	389
Kumulierte Abschreibungen	
Anfangsbestand	– 130
Verkäufe	12
Abschreibungen	– 40
Schlussbestand	– 158

Rückstellungsspiegel 20_4

Anfangsbestand	9
Erfolgswirksame Bildung	10
Erfolgswirksame Auflösung	– 3
Zahlungen (Verbrauch)	– 5
Schlussbestand	11

Geldflussrechnung 20_4

Betriebsbereich

Investitionsbereich

Finanzierungsbereich

=

+ Anfangsbestand flüssige Mittel

=

Erfolgsrechnung 20_4

=

Betriebsbereich indirekt 20_4

=

Schlussbilanz 31. 12. 20_4

Aktiven		Passiven	
Flüssige Mittel		Kreditoren	
Debitoren		Aufgelaufener Aufwand	
Materialvorrat		Rückstellungen	
Fabrikatevorrat		Vorauszahlungen von Kunden	
Sachanlagen		Finanzschulden	
./. Wertberichtigung Sachanlagen		Aktienkapital	
		Reserven	
		Gewinnvortrag	19

7.09

An mündlichen Prüfungen werden zur Geldflussrechnung oft Fragen wie die folgenden gestellt. Wie lauteten Ihre Antworten?

a) Was ist eine Geldflussrechnung?

b) Was sind Einnahmen und Ausgaben?

c) Wie werden Geldflussrechnungen gegliedert?

d) Wie setzen sich die flüssigen Mittel zusammen?

e) Welche Fondstypen sind ausser den flüssigen Mitteln erlaubt (nach Swiss GAAP FER bzw. IFRS)?

f) Wie lässt sich der operative Cashflow errechnen?

g) Welches sind sechs wichtige Beispiele von Differenzen bei der indirekten Cashflow-Berechnung?

h) Weshalb verändert sich der operative Cashflow bei Erhöhung der Abschreibungen auf dem Anlagevermögen nicht?

i) Welcher Begriff wird manchmal für einen negativen Cashflow verwendet?

k) Warum ist der operative Cashflow eine unverzichtbare Grösse bei der Beurteilung der finanziellen Lage einer Unternehmung?

l) Was versteht man unter Free Cashflow?

m) Warum hat eine Unternehmung nur dann etwas Wert, wenn sie langfristig einen positiven Free Cashflow erzeugen kann?

n) Welche Vorgänge sind im Investitionsbereich darzustellen?

o) Welche Vorgänge sind im Finanzierungsbereich darzustellen?

p) Wie sind nichtliquiditätswirksame Investitions- und Finanzierungstätigkeiten in der Geldflussrechnung darzustellen (zum Beispiel die Erhöhung des Aktienkapitals durch Sacheinlagen, die Umwandlung von Fremd- in Eigenkapital, der Erwerb von Vermögenswerten im Finanzleasing)?

q) Wie sind Veränderungen an unausgeschöpften Kreditlimiten in der Geldflussrechnung zu berücksichtigen?

r) Welches sind die drei wichtigsten Vorteile der dynamischen Liquiditätsanalyse mittels Geldflussrechnung gegenüber der statischen Analyse mithilfe der Liquiditätsgrade 1 bis 3?

7.20

Erstellen Sie die Gesamtpläne für die **Kontinuum AG** aufgrund der folgenden Angaben:

▷ In den Planjahren 20_2 und 20_3 wird ein Ansteigen der Verkaufsumsätze von jährlich 10% gegenüber dem jeweiligen Vorjahr erwartet. Die Bruttogewinnmarge bleibt voraussichtlich konstant.

▷ Mit den grösseren Umsätzen steigen auch die Debitoren, Kreditoren und Lager um 10% p.a.

▷ Die Transitorien betreffen ausschliesslich in der Aufgabe erwähnte Tatbestände.

▷ Die Lohnsumme vergrössert sich vermutlich jährlich um 20.

▷ Die Abschreibungen sind linear vorzunehmen.

▷ Ab 30. 4. 20_2 (dem halbjährlichen Zinstermin) ist eine Erhöhung des Hypothekarzinsfusses um 2% einzuplanen. Per 30. 4. 20_3 soll die Hypothek um 200 vermindert werden.

▷ Für den Kaufpreis von 90 ist auf Anfang August 20_2 die Inbetriebnahme eines Lastwagens mit einer Nutzungsdauer von 7 Jahren bei einem Restwert von 6 am Ende der Nutzungsdauer geplant.

▷ Auf November 20_2 ist eine Aktienkapitalerhöhung mit Barliberierung von 100 mit einem Agio von 40% zu planen.

▷ Dividendenauszahlungen im Jahr 20_1 = 8%, 20_2 = 10%, 20_3 = 10%.

▷ Die Zinserträge auf den flüssigen Mitteln sowie alle Steuerfolgen sind der Einfachheit halber zu vernachlässigen.

(Plan-)Schlussbilanzen per 31. 12.

	20_0 Aktiven	20_0 Passiven	20_1 Aktiven	20_1 Passiven	20_2 Aktiven	20_2 Passiven	20_3 Aktiven	20_3 Passiven
Flüssige Mittel	24							
Debitoren LL	465		500					
Warenvorrat	250		300					
Sachanlagen	995		955					
Kreditoren LL		370				440		
Transitorische Passiven		4						
Hypothek		600						
Aktienkapital		500						
Reserven inkl. Gewinnvortrag		184						
Gewinn		76						
	1 734	1 734						

Plan-Erfolgsrechnungen

	20_1	20_2	20_3
Verkaufsertrag	4 000		
./. Warenaufwand	– 2 800		
./. Personalaufwand (= Ausgaben)	– 500		
./. Zinsaufwand			
./.			
./. Übriger Aufwand (= Ausgaben)	– 550	– 630	– 730
= Gewinn			

Plan-Geldflussrechnungen

	20_1	20_2	20_3
./.			
./. Zahlungen ans Personal			
./.			
./. Zahlungen für übrigen Aufwand			
= Operativer Cashflow			
./.			
= Free Cashflow			
+			
./.			
./.			
=			

7.21

Bei der **Cumulus Handel AG** sind die Schlussbilanz per 31. 12. 20_0 sowie verschiedene Angaben zur Budgetierung des Jahres 20_1 gegeben.

Zu erstellen sind für diesen Handelsbetrieb das Erfolgs- und das Liquiditätsbudget sowie die Plan-Schlussbilanz. Aus Platzgründen sind die ersten acht Monate in einer Spalte zusammenzufassen.

Schlussbilanz per 31. 12. 20_0

Aktiven		Passiven	
Flüssige Mittel	100	Kreditoren	980
Debitoren	400	Hypotheken	1 200
Warenvorrat	420	Rechnungsabgrenzung	15
Rechnungsabgrenzung	80	Aktienkapital	800
Mobile Sachanlagen	600	Reserven	345
./. WB mobile Sachanlagen	– 250	Gewinnvortrag	190
Immobile Sachanlagen	2 480		
./. WB immobile Sachanlagen	– 300		
	3 530		3 530

Angaben zur Budgetierung 20_1

- ▷ Die Rechnungsabgrenzungsposten betreffen ausschliesslich unten erwähnte Tatbestände.
- ▷ Alle Verkäufe erfolgen auf Kredit. Die eine Hälfte der Kunden zahlt im laufenden Monat, die andere im Folgemonat.
- ▷ Die Bruttogewinnmarge beträgt 40%. Die Waren werden einen Monat vor dem Verbrauch eingekauft und 60 Tage später bezahlt. Beispiel: März = Einkauf, April = Verbrauch, Mai = Zahlung.
- ▷ Die gesamte Lohnsumme beträgt 936. Im Dezember wird ein 13. Monatslohn ausbezahlt. Es gibt keine monatlichen Schwankungen.
- ▷ Der Mietzins für ein externes Verkaufsbüro wird jeweils Ende Februar für ein Jahr zum Voraus bezahlt.
- ▷ Die Hypothek muss jeweils Ende März und Ende September verzinst werden. Ende September wird der Zinsfuss voraussichtlich um 1% p.a. erhöht.

Schlussbilanz 31. 12. 20_1

Aktiven		Passiven	
Flüssige Mittel		Kreditoren	
Debitoren		Hypothek	
Warenvorrat	480	Rechnungsabgrenzung	
Rechnungsabgrenzung		Aktienkapital	
Mobile Sachanlagen		Reserven	
./. WB mobile Sachanlagen		Gewinnvortrag	209
Immobile Sachanlagen			
./. WB immobile Sachanlagen			

- ▷ Die mobilen Sachanlagen werden linear über 5 Jahre abgeschrieben.
- ▷ Die immobilen Sachanlagen sind jährlich um 24 abzuschreiben.
- ▷ Auf Anfang November sind der Kauf und die Inbetriebnahme eines Lastwagens für 180 geplant. Dabei wird die Hälfte des Kaufpreises bar bezahlt werden und der Rest innert Monatsfrist.
- ▷ Ein allfälliger Ertrag auf der kurzfristigen Anlage von flüssigen Mitteln kann vernachlässigt werden.
- ▷ Im Mai wird eine Dividende von 20% ausgeschüttet, die Verrechnungssteuer einen Monat später überwiesen.

Erfolgsbudget 20_1

Text	Jan. bis Aug.	September	Oktober	November	Dezember	Total
Warenertrag	6 000	600	700	800	900	9 000
./. Warenaufwand						
./. Personalaufwand						
./. Mietaufwand						
./. Zinsaufwand						
./. Abschreibung Mobilien						
./. Abschreibung Immobilien						
./. Diverser Aufwand	– 1 140	– 150	– 154	– 159	– 164	– 1 767
= **Erfolg**						

Liquiditätsbudget 20_1

Text	Jan. bis Aug.	September	Oktober	November	Dezember	Total
Kundenzahlungen	6 100					
./. Lieferantenzahlungen	– 3 820					
./. Personalzahlungen						
./.						
./.						
./. Diverse Ausgaben	– 1 140	– 150	– 154	– 159	– 164	– 1 767
= **Operativer Cashflow**						

7.22

Die Budgets der **CuatroCinco SA** sind nach folgenden Angaben zu vervollständigen:

▷ Innerhalb eines Monats fallen alle Umsätze gleichmässig an. Jeder Monat zählt 30 Tage.

▷ Die den Kunden gewährten Zahlungsbedingungen lauten 30 Tage netto, wobei für die Budgetierung mit einer tatsächlichen Zahlungsfrist von 45 Tagen zu rechnen ist. Im November 20_5 betrug der Warenertrag 200; für den Juli 20_6 ist mit einem Warenertrag von 550 zu rechnen.

▷ Die Bruttogewinnmarge wird voraussichtlich konstant 40% betragen.

▷ Die Wareneinkäufe erfolgen 15 Tage vor dem Verkauf. Die Lieferantenrechnungen werden 60 Tage nach dem Einkauf bezahlt.

▷ Die Abschreibungen erfolgen linear.

▷ Zur Kapazitätserweiterung sind auf Anfang April der Kauf und die Inbetriebnahme einer neuen Anlage mit einem Anschaffungswert von 150 geplant. Die voraussichtliche Nutzungsdauer beträgt 5 Jahre; am Ende der Nutzungsdauer ist mit einem Restwert von 30 zu rechnen. Die Zahlungsfrist des Lieferanten beträgt 30 Tage.

▷ Anfang Mai soll eine gebrauchte Anlage mit einem Anschaffungswert von 80 und kumulierten Wertberichtigungen von 60 mit einem Veräusserungsgewinn von 5 mit einem Zahlungsziel von 30 Tagen verkauft werden.

▷ An der Generalversammlung im April wird voraussichtlich eine Dividendenausschüttung von 60 beschlossen. Die Nettodividende wird sofort an die Aktionäre ausbezahlt; die Verrechnungssteuer ist im nächsten Monat fällig. Es ist eine Reservenzuweisung von 15 vorzusehen.

▷ Zinserträge auf flüssigen Mitteln und Steuereffekte sind zu vernachlässigen.

Eröffnungsbilanz 1. 1. 20_6

Flüssige Mittel	20	Kreditoren	510
Debitoren	700	Finanzschulden	300
Warenvorrat	90	Aktienkapital	400
Sachanlagen	1 200	Reserven	220
./. WB Sachanlagen	– 500	Gewinnvortrag	80
	1 510		1 510

Erfolgsbudget 1. 1. bis 30. 6. 20_6

	Januar	Februar	März	April	Mai	Juni	Total
Verkaufsertrag	300	250	400	450	350	500	2 250
./. Warenaufwand							
./. Abschreibungen Sachanlagen	– 20	– 20	– 20		– 21	– 21	
./. Übriger Aufwand (= Ausgaben)	– 100	– 90	– 120	– 115	– 105	– 130	– 660
= Gewinn							

Wareneinkäufe 1. 1. bis 30. 6. 20_6

	Januar	Februar	März	April	Mai	Juni	Total
Wareneinkäufe							

Liquiditätsbudget 1. 1. bis 30. 6. 20_6

	Januar	Februar	März	April	Mai	Juni	Total
Zahlungen von Kunden							
./. Zahlungen an Lieferanten							
./. Zahlungen für übrigen Aufwand							
= Operativer Cashflow							
./. Investitionen							
+ Devestitionen							
./. Dividendenausschüttung							
= Veränderungen flüssige Mittel							

Plan-Schlussbilanz 30. 6. 20_6

Flüssige Mittel		Kreditoren	
Debitoren		Finanzschulden	
Warenvorrat		Aktienkapital	
Sachanlagen		Reserven	
./. Wertberichtigung Sachanlagen		Gewinnvortrag	
		Gewinn	

7.23

Die auf die Fertigung von elektronischen Bauteilen spezialisierte **Elektron AG** budgetiert das Jahr 20_5. Ausgangspunkt bildet die Schlussbilanz vom 31. 12. 20_4.

Schlussbilanz 31. 12. 20_4

Aktiven		Passiven	
Flüssige Mittel	40	Schulden aus LL	310
Forderungen aus LL	560	Aufgelaufene Zinsen	16
Materialvorrat	170	Hypothek	960
Fertigfabrikatevorrat	40	Aktienkapital	600
Anlagevermögen	1 400	Reserven und Gewinnvortrag	324
	2 210		2 210

Plan-Erfolgsrechnung 20_5

	1. Quartal	2. Quartal	3. Quartal	4. Quartal	Total
Verkaufserlös	1 200	1 000	1 600	1 200	5 000
+/– Zu-/Abnahmen Fertigfabrikate	80	140	– 180	40	80
= **Produktionsertrag**	**1 280**	**1 140**	**1 420**	**1 240**	**5 080**
./. Materialaufwand	– 340	– 300	– 400	– 320	– 1 360
./. Personalaufwand	– 260	– 260	– 260	– 260	– 1 040
./. Hypothekarzinsaufwand	– 12	– 12	– 12	– 14	– 50
./. Diverser Baraufwand	– 568	– 568	– 568	– 568	– 2 272
./. Abschreibungen	– 60	– 70	– 80	– 80	– 290
= **Erfolg**	**40**	**– 70**	**100**	**– 2**	**68**

Zusätzliche Angaben zur Planung

- ▷ Die Verkäufe erfolgen auf Kredit. Die eine Hälfte der Kunden zahlt noch im laufenden Quartal, die andere Hälfte im Folgequartal.
- ▷ Die Materialeinkäufe werden gegen Rechnungen getätigt, die jeweils im Folgequartal bezahlt werden. Die Rohmaterialeinkäufe erfolgen zur Hälfte ein Quartal vor ihrem Verbrauch und zur Hälfte im selben Quartal, wie sie verbraucht werden. Für die Ermittlung der Materialeinkäufe ist die Lösungshilfe zu verwenden.
- ▷ Es gibt keine Bestände an Fabrikaten in Arbeit.
- ▷ Im Dezember wird zusätzlich zum normalen Lohn ein 13. Monatslohn ausbezahlt. Es bestehen keine monatlichen Schwankungen im Personalbestand.
- ▷ Die Zinstermine für die Hypothek sind der 28. Februar sowie der 30. August.
- ▷ Am 30. September wird eine neue Hypothek von 160 aufgenommen, die halbjährlich am 31. März und am 30. September zum gleichen Zinsfuss wie die bisherige Hypothek verzinst werden muss.
- ▷ Im zweiten und dritten Quartal sind Käufe von Anlagevermögen von je 300 geplant.
- ▷ Im Juni soll eine Aktienkapitalerhöhung von nominell 200 mit einem Agio von 120 durchgeführt werden (Barliberierung).
- ▷ Es ist keine Gewinnausschüttung vorgesehen.

Aufgabe

Ermitteln Sie die Materialeinkäufe, und erstellen Sie die Plan-Mittelflussrechnung für das Jahr 20_5 sowie die Plan-Bilanz per 31. 12. 20_5 auf dem Lösungsblatt.

Ermittlung der Materialeinkäufe

	1. Quartal	2. Quartal	3. Quartal	4. Quartal	Total
Einkäufe für laufendes Quartal					XXX
Einkäufe für nächstes Quartal					XXX
Total Einkäufe					1 370

Plan-Mittelflussrechnung 20_5

	1. Quartal	2. Quartal	3. Quartal	4. Quartal	Total
Betriebsbereich					
Zahlungen von Kunden					
./. Zahlungen an Lieferanten					
./. Lohnzahlungen					
./. Hypothekarzinszahlungen					
./. Diverser Baraufwand					
= Cashflow (Cashdrain)					
Investitionsbereich					
./. Käufe von Anlagevermögen					
Finanzierungsbereich					
+ Aufnahme Hypothek					
+ AK-Erhöhung (nominal)					
+ Agio					
= Veränderung flüssige Mittel					

Plan-Schlussbilanz 31. 12. 20_5

Aktiven		Passiven	
Flüssige Mittel		Schulden aus LL	
Forderungen aus LL		Aufgelaufene Zinsen	
Materialvorrat		Hypothek	
Fertigfabrikatevorrat		Aktienkapital	
Anlagevermögen		Reserven und Gewinnvortrag	

7.24

Bei der **Epsilon AG** zeichnet sich im ersten Halbjahr 20_1 nach ersten groben Schätzungen ein Liquiditätsengpass ab, weshalb sich die Geschäftsleitung mithilfe von Budgets einen Überblick über die finanzielle Situation verschaffen will. Gleichzeitig sollen die Budgets als Unterlagen für allfällige Kreditverhandlungen mit den Banken dienen.

Mithilfe des Lösungsblatts auf der nächsten Seite sind folgende Planungsrechnungen (Budgets) auf ganze Zahlen genau zu erstellen:

▷ Plan-Erfolgsrechnung (Erfolgs-Budget) für das erste Halbjahr 20_1

▷ Plan-Geldflussrechnung (Liquiditäts-Budget) für das erste Halbjahr 20_1

▷ Plan-Schlussbilanz per 30. 6. 20_1

Es liegen folgende Informationen vor:

▷ **Schlussbilanz per 31. 12. 20_0**

Aktiven		Passiven	
Flüssige Mittel	18	Kreditoren	190
Debitoren	160	Aufgelaufene Zinsen	4
Vorräte	120	Bankdarlehen	240
Anlagevermögen	300	Aktienkapital	100
		Reserven	40
		Gewinnvortrag	24
	598		598

▷ Die geplanten Warenverkäufe (Erträge) sind bereits in der Plan-Erfolgsrechnung eingetragen. Die Kunden zahlen jeweils nach 30 Tagen.

▷ Der Warenaufwand beträgt voraussichtlich konstant 60% des Warenertrags. Die Waren werden 30 Tage vor dem Verkauf eingekauft und nach 60 Tagen bezahlt. Beispiel: Einkauf im März, Verkauf (Verbrauch) im April, Lieferantenzahlung im Mai.

▷ Der Personalaufwand ist schon in der Plan-Erfolgsrechnung eingetragen. Im Dezember wird ein 13. Monatslohn ausbezahlt.

▷ Allfällige Zinserträge aus der kurzfristigen Anlage der flüssigen Mittel können vernachlässigt werden. Das Bankdarlehen ist am 28. Februar und am 31. August halbjährlich zu verzinsen. Der Zinsfuss ist konstant.

▷ Das per 1. 1. 20_1 bestehende Anlagevermögen ist linear um 24 pro Jahr abzuschreiben.

▷ Anfang Juni wird ein neues Fahrzeug für 56 gegen bar gekauft und sofort in Betrieb genommen. Die Nutzungsdauer beträgt 4 Jahre bei linearer Abschreibung auf einen Restwert von 8.

▷ An der Generalversammlung vom April wird voraussichtlich eine Dividende von 20% beschlossen und eine Reservenzuweisung von 3 vorgenommen. Die Nettodividende wird sofort an die Aktionäre ausbezahlt, die Verrechnungssteuer im nächsten Monat an die Steuerverwaltung überwiesen.

Plan-Erfolgsrechnung 1. 1. bis 30. 6. 20_1

	Januar	Februar	März	April	Mai	Juni	Total
Warenertrag	200	200	250	200	200	150	1 200
./. Warenaufwand							
./. Personalaufwand	– 13	– 13	– 13	– 13	– 13	– 13	– 78
./. Zinsaufwand							
./. Abschreibungen							
./. Übriger Baraufwand	– 62	– 62	– 80	– 62	– 62	– 43	– 371
= Gewinn							

Plan-Geldflussrechnung 1. 1. bis 30. 6. 20_1

	Januar	Februar	März	April	Mai	Juni	Total
Kundenzahlungen							
./. Lieferantenzahlungen							
./. Personalzahlungen							
./. Zinszahlungen							
./. Übriger Baraufwand	– 62	– 62	– 80	– 62	– 62	– 43	– 371
= Operativer Cashflow							
./.							
./.							
= Veränderung flüssige Mittel							

Plan-Bilanz per 30. 6. 20_1

Flüssige Mittel		Kreditoren	
Debitoren		Aufgelaufene Zinsen	
Vorräte	80		
Anlagevermögen		Bankdarlehen	
		Aktienkapital	
		Reserven	
		Gewinnvortrag	
		Gewinn	

7.25

Von der **Fabbrimaxx AG** liegen die Schlussbilanz per 31. 12. 20_0, die Plan-Erfolgsrechnung für das Jahr 20_1 sowie einige zusätzliche Informationen vor. Alle Beträge sind Kurzzahlen.

Schlussbilanz per 31. 12. 20_0

Aktiven		Passiven	
Flüssige Mittel	20	Kreditoren (Materiallieferanten)	128
Debitoren (Kunden)	460	Aufgelaufene Zinsen	8
Materialvorräte	70	Hypotheken	600
Fabrikatevorräte	30	Aktienkapital	400
Mobile Sachanlagen	110	Reserven	120
Immobile Sachanlagen	640	Gewinnvortrag	74
	1 330		1 330

Plan-Erfolgsrechnung 20_1

	1. Quartal	2. Quartal	3. Quartal	4. Quartal	Total
Verkaufserlös (Fabrikateertrag)	510	390	360	660	1 920
+/– Bestandesänderungen Fabrikatevorräte	– 10	+ 10	+ 40	– 60	– 20
= **Produktionsertrag**	**500**	**400**	**400**	**600**	**1 900**
./. Materialaufwand	– 140	– 120	– 130	– 160	– 550
./. Personalaufwand	– 156	– 156	– 156	– 156	– 624
./. Hypothekarzinsaufwand	– 6	– 7	– 7	– 7	– 27
./. Abschreibungen mobile Sachanlagen	– 4	– 4	– 7	– 7	– 22
./. Abschreibungen immobile Sachanlagen	– 10	– 10	– 10	– 10	– 40
./. Übriger Aufwand (= Ausgaben)	– 150	– 130	– 130	– 170	– 580
= **Erfolg**	**34**	**– 27**	**– 40**	**90**	**57**

Zusätzliche Informationen

▷ Die Verkäufe erfolgen auf Kredit: Ein Drittel der Kunden zahlt voraussichtlich im laufenden Quartal, ein Drittel im Folgequartal und ein Drittel im übernächsten Quartal.

Die Verkaufsumsätze der beiden Vorquartale im Jahr 20_0 betrugen 420 (Q3) bzw. 480 (Q4).

▷ Die Materialeinkäufe auf Kredit erfolgen zur Hälfte im Vorquartal und zur Hälfte im gleichen Quartal wie ihr Verbrauch. Die Rechnungen werden jeweils im Folgequartal bezahlt.

Per Ende 20_1 ist mit einem Materialvorrat von 75 zu rechnen.

▷ Es sind keine Ein- und Austritte von Mitarbeitern und keine Lohnveränderungen zu verzeichnen. Vor Weihnachten wird ein 13. Monatslohn ausbezahlt.

▷ Per 31. 5. 20_1 ist eine Aktienkapitalerhöhung von nominal 120 und einem Agio von 30% zu budgetieren (Barliberierung).

- ▷ Per 31. 3. 20_1 (Ende 1. Quartal) ist der Kauf von Bauland zum Kaufpreis von 150 gegen Bankzahlung einzuplanen.
- ▷ Per 30. 6. 20_1 (Ende 2. Quartal) ist der Kreditkauf mobiler Sachanlagen für 90 zu budgetieren. Die Zahlung wird im 3. Quartal geleistet werden.
- ▷ Die Verzinsung der bisherigen Hypothek erfolgt weiterhin nachschüssig jeweils am 28. Februar und am 31. August.
- ▷ Auf 31. 3. 20_1 ist die Aufnahme einer zusätzlichen Hypothek von 100 geplant. Die Verzinsung erfolgt voraussichtlich nachschüssig per 30. 9. und 31. 3. zum gleichen Zinsfuss wie die bisherige Hypothek.
- ▷ Der Zinsertrag auf den flüssigen Mitteln kann vernachlässigt werden.
- ▷ Per 23. 4. 20_1 sind eine Dividendenauszahlung von 10% sowie eine Reservenzuweisung von 14 in der Planung zu berücksichtigen.

a) Erstellen Sie auf der nächsten Seite die Plan-Geldflussrechnung für 20_1 sowie die Plan-Schlussbilanz per 31. 12. 20_1. Alle Beträge sind auf ganze Kurzzahlen zu runden.

Die Lösungshilfen auf dieser Seite können für die Ermittlung der Kunden-, Lieferanten- und Zinszahlungen benützt werden.

Kundenzahlungen

	1. Quartal	2. Quartal	3. Quartal	4. Quartal	Total
Verkaufserlös (Fabrikateertrag)	510	390	360	660	1 920

Material

	1. Quartal	2. Quartal	3. Quartal	4. Quartal	Total
Materialaufwand	– 140	– 120	– 130	– 160	– 550
Materialeinkäufe					

Zinsen

	1. Quartal	2. Quartal	3. Quartal	4. Quartal	Total
Zinsaufwand	6	7	7	7	27

→

Plan-Geldflussrechnung (Liquiditäts-Budget) 20_1

	1. Quartal	2. Quartal	3. Quartal	4. Quartal	Total
Zahlungen von Kunden					
./. Übriger Aufwand (= Ausgaben)	– 150	– 130	– 130	– 170	– 580
= Operativer Cashflow					
= Free Cashflow					
= Veränderung flüssige Mittel					

Schlussbilanz per 31. 12. 20_1

Flüssige Mittel		Kreditoren (Materiallieferanten)	
Debitoren (Kunden)		Aufgelaufene Zinsen	
Materialvorräte		Hypotheken	
Fabrikatevorräte		Aktienkapital	
Mobile Sachanlagen		Reserven	
Immobile Sachanlagen		Gewinnvortrag	

b) Lösen Sie die folgenden Aufgaben auf der Basis der Plan-Geldflussrechnung 20_1, der Plan-Erfolgsrechnung 20_1 sowie der Schlussbilanzen per 31. 12. 20_0 und 31. 12. 20_1.

b1) Wie beurteilen Sie die Höhe des geplanten Gewinns?

b2) Wie beurteilen Sie die Höhe des geplanten Geldflusses aus Betriebstätigkeit?

b3) Wie beurteilen Sie die Höhe der hypothekarischen Belastung gemäss Schlussbilanz per 31. 12. 20_0?

b4) Berechnen und beurteilen Sie die durchschnittliche Debitorenfrist für 20_1. Das Jahr ist mit 365 Tagen zu rechnen. Der branchenübliche Debitorenumschlag beträgt 8.

7.26

Die **Minimax AG** importiert von einem Lieferanten in den USA den Artikel HealthX und verkauft diesen an verschiedene Kunden im EU-Raum. Ausgangslage ist die Schlussbilanz per 31. 12. 20_5:

Schlussbilanz 31. 12. 20_5 (in 1000 CHF)

Aktiven		Passiven	
Flüssige Mittel	600	Lieferantenschulden	390
Kundenforderungen	1 000	Aufgelaufene Zinsen	10
Warenvorräte	200	Hypothek	1 200
Bewegliche Sachanlagen	400	Aktienkapital	1 500
Unbewegliche Sachanlagen	2 200	Reserven und Gewinnvortrag	1 300
	4 400		4 400

Die künftige Entwick ung auf den Absatz- und Beschaffungsmärkten ist immer mit Unsicherheiten behaftet. Da sich die Geschäftsleitung frühzeitig mit den Folgen möglicher Schwankungen im Geschäftsbetrieb auseinander setzen will, sollen für 20_6 zwei verschiedene Planvarianten durchgerechnet werden: eine optimistische (best case scenario) und eine pessimistische (worst case scenario). Die entsprechenden Plan-Erfolgsrechnungen, Plan-Geldflussrechnungen und Plan-Bilanzen sind auf dem Lösungsblatt einzutragen.

In der folgenden Tabelle ist jeweils – bunt gemischt – ein Wert der **optimistische** und der andere der **pessimistische:**

Betriebsbereich

Absatzmengen in Stück (keine saisonalen Schwankungen)	1 000 000	1 200 000
Verkaufspreise je Stück EUR	5.00	4.20
EUR-Kurs (in CHF)	1.50	1.60
Einkaufspreise in USD	2.00	2.20
USD-Kurs (in CHF)	1.50	1.80
Lagerzunahme in Stück	0	100 000
Personalaufwand (= Personalausgaben) in CHF	960 000	1 000 000
Neuer Zinsfuss Hypothek (Zinstermine 30. 4. und 30. 10.)	6%	4%
Diverser Baraufwand in CHF	1 040 000	1 100 000
Abschreibungen auf beweglichen Sachanlagen	120 000	150 000
Abschreibungen auf unbeweglichen Sachanlagen	30 000	30 000
Ausstehende Debitoren Ende 20_6	1 Monat	2 Monate
Ausstehende Kreditoren Ende 20_6	1 Monat	1 Monat

Investitionsbereich

Ausgaben für den Ersatz der bisherigen EDV-Anlage in CHF	320 000	400 000

Finanzierungsbereich

Dividendenauszahlung aufgrund des Vorjahresgewinns	20%	20%

Plan-Geldflussrechnungen 20_6 (in 1000 CHF)

	best case	worst case
Betriebsbereich		
Zahlungen von Kunden		
Zahlungen an Lieferanten		
Cashflow		
Investitionsbereich		
Finanzierungsbereich		
Veränderung Flüssige Mittel		

Plan-Erfolgsrechnungen 20_6 (in 1000 CHF)

	best case	worst case
Warenertrag		
Warenaufwand		
Personalaufwand		
Zinsaufwand		
Abschreibungen		
Diverser Baraufwand		
Gewinn		

Cashflow indirekt (in 1000 CHF)

	best case	worst case
Cashflow		

Plan-Schlussbilanzen 31. 12. 20_6 (in 1000 CHF)

Aktiven

	best case	worst case
Flüssige Mittel		
Kundenforderungen		
Warenvorräte		
Bewegliche Sachanlagen		
Unbewegliche Sachanlagen		

Passiven

	best case	worst case
Lieferantenschulden		
Aufgelaufene Zinsen		
Hypothek		
Aktienkapital		
Reserven und Gewinnvortrag		

7.27

Die **Nehmerit-Gruppe** ist eine führende Unternehmung in der Sanitärtechnik. Gegeben sind die Schlussbilanz per 31. 12. 20_0 sowie die Planungsannahmen. Zu erstellen sind

▷ die Plan-Erfolgsrechnungen 20_1 bis 20_5

▷ die Plan-Mittelflussrechnungen 20_1 bis 20_5

▷ die Plan-Bilanz per 31. 12. 20_5

Schlussbilanz 31. 12. 20_0

Aktiven		Passiven	
Flüssige Mittel	50	Schulden aus Lieferung und Leistung	50
Debitoren	60	Langfristige Finanzverbindlichkeiten	550
Vorräte	150	Rückstellungen	60
Sachanlagen	770	Aktienkapital	200
		Reserven und Gewinnvortrag	170
	1 030		1 030

Planungsannahmen

1. Der Verkaufserlös (Umsatz, Nettoerlös) wird für das erste Planjahr auf 900 geschätzt. Er soll jährlich um 20% (gegenüber dem jeweiligen Vorjahr) gesteigert werden.
2. Die gesamten Vorräte von 150 bestehen in der Ausgangssituation aus 100 Materialvorrat und 50 Halb- und Fertigfabrikatevorrat. Durch Verbesserungen in der Auftragsabwicklung, der Fertigung und der Logistik sollten die Bestände an Halb- und Fertigfabrikaten pro Jahr nur 5% (gegenüber dem jeweiligen Vorjahr) steigen.

	20_1	20_2	20_3	20_4	20_5
Zunahme Halb- und Fertigfabrikate					
Schlussbestand Halb- und Fertigfabrikate					

3. Den Umsatzsteigerungen entsprechend werden auch die ausstehenden Kundenforderungen sowie die Schulden aus Lieferung und Leistung um je 20% (gegenüber dem jeweiligen Vorjahr) zunehmen. Hingegen kann bei den Rohmaterialvorräten dank Verbesserungen in Logistik und Fertigung von einer jährlichen Steigerungsrate von nur 10% (gegenüber dem jeweiligen Vorjahr) ausgegangen werden.

	20_1	20_2	20_3	20_4	20_5
Zunahme Debitoren					
Schlussbestand Debitoren					

	20_1	20_2	20_3	20_4	20_5
Zunahme Materialvorräte					
Schlussbestand Materialvorräte					

	20_1	20_2	20_3	20_4	20_5
Zunahme Kreditoren					
Schlussbestand Kreditoren					

4. Die Materialintensität (Materialaufwand in Prozenten des Produktionsertrags) beträgt konstant 30%.
5. Im ersten Jahr beträgt die Personalintensität (Personalaufwände in Prozenten des Produktionsertrags) 25%. Durch Rationalisierungen soll diese Quote jährlich um einen Prozentpunkt gesenkt werden (auf 24% im zweiten Planjahr, 23% im dritten Planjahr usw.). Personalaufwand und Personalausgaben sind jeweils gleich hoch.
6. Aus der Investitionsplanung können folgende Zahlen entnommen werden:

	20_1	20_2	20_3	20_4	20_5
Käufe von Sachanlagen	75	80	85	90	95
Verkäufe von Sachanlagen	8	6	11	9	10
Abschreibungen	50	55	67	79	92
Buchwert Sachanlagen Ende Jahr					

7. Um die technologische Führungsstellung zu behaupten, wird der Aufwand (= Ausgaben) für Forschung und Entwicklung auf konstant 2% des Produktionsertrags gehalten.
8. Der übrige Betriebsaufwand (= Ausgaben) ist bereits in der Plan-Erfolgsrechnung und der Plan-Mittelflussrechnung eingetragen.
9. Der Zinsaufwand (= Ausgaben) beträgt für das betreffende Jahr 5% der Finanzschulden zu Beginn des jeweiligen Jahres.

	20_1	20_2	20_3	20_4	20_5
Langfristige Finanzschulden Anfang Jahr					
Zinsaufwand					

→

10. Die Rückstellungen sind jährlich um 10 zu erhöhen.
11. Aus Sicherheits- und Flexibilitätsgründen soll der Bestand an flüssigen Mitteln am Jahresende immer 50 betragen. Überschüssige Liquidität wird zur Rückzahlung von Fremdkapital verwendet.
12. Es ist mit einem linearen Ertragssteuersatz von 30% bezogen auf den Gewinn vor Steuern zu rechnen. Aufwand = Ausgabe.
13. Vom Jahresgewinn nach Steuern sind 50% im Folgejahr als Dividende auszuzahlen; der restliche Gewinn wird zur Selbstfinanzierung thesauriert (zurückbehalten). Im Jahr 20_0 betrug der Gewinn nach Steuern 40.

Plan-Erfolgsrechnungen 20_1 bis 20_5

	20_1	20_2	20_3	20_4	20_5
Verkaufserlös (Umsatz)					
+ Zunahme HF-/FF-Vorrat					
= **Produktionsertrag**					
./. Materialaufwand					
./. Personalaufwand					
./. Abschreibungen					
./. Forschung und Entwicklung					
./. Rückstellungen					
./. Übriger Betriebsaufwand	– 180	– 220	– 260	– 310	– 370
= **EBIT**					
./. Zinsaufwand					
= **Gewinn vor Steuern**					
./. Steuern					
= **Gewinn**					

Plan-Geldflussrechnungen 20_1 bis 20_5

	20_1	20_2	20_3	20_4	20_5
Betriebsbereich					
Zahlungen von Kunden					
./. Zahlungen an Lieferanten					
./. Zahlungen ans Personal					
./. Zahlungen für F+E					
./. Übriger Baraufwand	– 180	– 220	– 260	– 310	– 370
= Cashflow vor Zinsen und Steuern					
./. Zinszahlungen					
= Cashflow (brutto, vor Steuern)					
./. Steuern					
./. Dividendenzahlungen					
= Cashflow (netto)					
Investitionsbereich					
./. Käufe Sachanlagen					
+ Desinvestitionen					
= Finanzierungsüberschuss					
Finanzierungsbereich					
./. Definanzierungen					
Veränderung flüssige Mittel					

Plan-Schlussbilanz 31. 12. 20_5

Aktiven		Passiven	
Flüssige Mittel		Schulden aus Lieferungen und Leist.	
Debitoren		Langfristige Finanzverbindlichkeiten	
Vorräte		Rückstellungen	
Sachanlagen		Aktienkapital	
		Reserven und Gewinnvortrag	

7.28

Die Ausgangslage bei der **Alpha-Handel AG** bilden die Schlussbilanz per 31. 12. 20_0 sowie verschiedene Angaben zur Budgetierung des Jahres 20_1.

Zu erstellen sind das Erfolgs- und das Liquiditätsbudget für 20_1 sowie die Plan-Bilanz per 31. 12. 20_1.

Schlussbilanz per 31. 12. 20_0

Flüssige Mittel	20	Kreditoren	240
Debitoren (Kunden)	180	Darlehen	300
Warenvorrat	150	Rechnungsabgrenzung	3
Rechnungsabgrenzung	28	Aktienkapital	200
Mobile Sachanlagen	240	Reserven	131
./. WB mobile Sachanlagen	– 110	Gewinnvortrag	62
Immobile Sachanlagen	500		
./. WB immobile Sachanlagen	– 72		
	936		936

Angaben zur Budgetierung

- ▷ Die Rechnungsabgrenzungsposten betreffen ausschliesslich unten aufgeführte Tatbestände.
- ▷ Alle Verkäufe erfolgen auf Kredit. Die eine Hälfte der Kunden zahlt im laufenden Monat, die andere im Folgemonat. Für Januar 20_2 ist ein Umsatz von 340 geplant.
- ▷ Die Bruttogewinnmarge beträgt 50%. Die Waren werden einen Monat vor dem Verbrauch eingekauft und je zur Hälfte im nächsten und übernächsten Monat bezahlt. Beispiel: Einkauf im März, Verbrauch im April, Zahlung ½ im April und ½ im Mai.
- ▷ Die gesamte Lohnsumme beträgt 780. Im Dezember wird ein 13. Monatslohn ausbezahlt. Es gibt keine monatlichen Schwankungen.
- ▷ Der Mietzins für ein externes Verkaufsbüro wird jeweils jährlich Ende April zum Voraus bezahlt.
- ▷ Das bisherige Darlehen muss jeweils Ende März und Ende September verzinst werden. Auf Ende August ist die Aufnahme eines zusätzlichen Darlehens von 200 zu budgetieren (Zinsfuss 6%, Zinstermine Ende Februar und Ende August).
- ▷ Die mobilen Sachanlagen werden linear mit 20% p.a. abgeschrieben. Die immobilen Sachanlagen (ohne Grundstücke) sind jährlich um 24 abzuschreiben.
- ▷ Auf Anfang November sind der Kauf und die Inbetriebnahme eines Lastwagens für 120 geplant. Je die Hälfte ist im November und Dezember zu bezahlen.

Schlussbilanz per 31. 12. 20_1

Flüssige Mittel		Kreditoren	
Debitoren (Kunden)		Darlehen	
Warenvorrat		Rechnungsabgrenzung	
Rechnungsabgrenzung		Aktienkapital	
Mobile Sachanlagen		Reserven	
./. WB mobile Sachanlagen		Gewinnvortrag	
Immobile Sachanlagen			
./. WB immobile Sachanlagen			

▷ Für die Generalversammlung Mitte April besteht folgender Gewinnverwendungsvorschlag: Dividende 20%, Reservenzuweisung 18. Die Nettodividende wird sofort ausbezahlt, die Verrechnungssteuer 30 Tage später.

▷ Auf Ende August ist der Barkauf eines Stücks Land für 300 geplant. Zur teilweisen Finanzierung wird gleichzeitig das Aktienkapital um nominal 100 mit einem Agio von 20% erhöht.

▷ Ein allfälliger Ertrag auf der kurzfristigen Anlage von flüssigen Mitteln kann vernachlässigt werden. Steuern sind nicht zu berücksichtigen.

Erfolgsbudget 20_1

Text	Jan.	Febr.	März	April	Mai	Juni	Juli	Aug.	Sept.	Okt.	Nov.	Dez.	Total
Warenertrag	300	240	240	220	220	200	180	180	260	320	340	380	3 080
./. Warenaufwand													
./. Personalaufwand													
./. Mietaufwand													
./. Zinsaufwand													
./. Abschreibungen													
./. Diverser Aufwand	– 45	– 43	– 41	– 41	– 40	– 40	– 40	– 41	– 42	– 43	– 45	– 47	– 508
= **Erfolg**													**76**

Liquiditätsbudget 20_1

Text	Jan.	Febr.	März	April	Mai	Juni	Juli	Aug.	Sept.	Okt.	Nov.	Dez.	Total
Kundenzahlungen													
./. Lieferantenzahlungen													
./. Personalzahlungen													
./. Mietzinszahlungen													
./. Zinszahlungen													
./. Diverse Ausgaben	– 45	– 43	– 41	– 41	– 40	– 40	– 40	– 41	– 42	– 43	– 45	– 47	– 508
= **Operativer Cashflow**													**151**
Investitionen													
= **Δ flüssige Mittel**													**11**

7.29

Angesichts der sich verschlechternden Geschäftslage entschliesst sich die Geschäftsleitung, eine Fachperson im Rechnungswesen beizuziehen.

Sie erstellt als erstes Finanzpläne für die Jahre 20_1 bis 20_3, weil diese ein ideales **Führungsinstrument zur Abstimmung von angestrebten Zielen, geplanten Massnahmen und vorhandenen finanziellen Mitteln** darstellen. Die Finanzpläne sind auf dem Lösungsblatt auf der Nebenseite bereits erstellt. Allerdings sind die Jahre 20_2 und 20_3 erst provisorisch.

Vor allem wegen der in den Finanzplänen deutlich zutage tretenden Liquiditätsverschlechterung sowie der wachsenden Finanzierungslücke werden von der Geschäftsleitung eine Reihe von Massnahmen ins Auge gefasst, die unten beschrieben werden.

Aufgabe

Revidieren Sie die Finanzpläne für 20_2 und 20_3, indem Sie die Auswirkungen der nachfolgend beschriebenen Massnahmen berücksichtigen. Die Lösung ist im Lösungsblatt in den Spalten «revidiert» einzutragen. Die Beträge sind nötigenfalls auf ganze Kurzzahlen zu runden. Das Jahr ist mit 360 Tagen zu rechnen.

Massnahmen

1. Die Dividendenauszahlungen sollen im 2. und 3. Jahr um je 10 vermindert werden (im Vergleich zu den provisorischen Finanzplänen).
2. Bei den Investitionen sollen günstigere Lösungen gesucht werden, einige Investitionen sind zurückzustellen, und allenfalls sollen später bestimmte Anlagen geleast werden, sodass die Investitionen im 2. Jahr 130 und im 3. Jahr 125 betragen werden.
3. Im 2. Jahr soll eine nicht mehr benötigte Landreserve zum Buchwert von 5 veräussert werden.
4. Da der Eigenfinanzierungsgrad aus Sicherheitsgründen etwa 40% betragen soll, wird das Aktienkapital in zwei Schritten im 2. und 3. Jahr zusätzlich um je 20 aufgestockt.
5. Durch Verhandlungen mit der Hausbank soll erreicht werden, dass das 20_2 zur Rückzahlung fällige langfristige Darlehen von 10 um ein Jahr prolongiert werden kann. Die geplante Erhöhung der Hypotheken kann trotz reduzierter Investitionen realisiert werden.
6. Durch den Wechsel von der bisher praktizierten linearen zur degressiven Abschreibungsmethode werden die Abschreibungen 20_2 und 20_3 je um 10 höher ausfallen.
7. Die geplanten Warenverkäufe (alle auf Kredit) betragen 1200 (1. Jahr), 1400 (2. Jahr) und 1440 (3. Jahr). Eine weitere Steigerung ist leider nicht realistisch.
8. Anfang 20_1 beträgt der Debitorenbestand 190. Durch ein verbessertes Debitoren-Management soll die durchschnittliche Debitorenfrist von 60 Tagen (20_1) auf 51,43 Tage (20_2) bzw. 45 Tage (20_3) gesenkt werden, da das Zahlungsziel ja 30 Tage netto lautet.
9. Die Bruttogewinnmarge beträgt unverändert 25%.

10. Durch eine gezielte Lagerbewirtschaftung soll die durchschnittliche Lagerdauer auf 120 Tage (20_2) bzw. auf 115 Tage (20_3) gesenkt werden. Der Lagerbestand Anfang 20_1 beträgt 335.
11. Eine weitere Zunahme der durchschnittlichen Kreditorenfristen ist im Hinblick auf langfristige, gute Lieferantenbeziehungen nicht opportun, sodass 20_3 keine Kreditorenerhöhung stattfinden soll.
12. Die steuerlichen und zinslichen Auswirkungen der geplanten Massnahmen müssen nicht berücksichtigt werden.

Text	20_1	20_2 provisorisch	20_2 revidiert	20_3 provisorisch	20_3 revidiert
Reingewinn	100	100		100	
Abschreibungen	40	50		60	
Debitorenveränderungen	– 20	– 10		– 10	
Lagerveränderungen	– 20	– 10		– 20	
Kreditorenveränderungen	10	10		10	
Cashflow (brutto)	110	140		140	
Dividenden und Steuern	– 90	– 90		– 90	
Cashflow (netto)	20	50		50	
Investitionen	– 100	– 140		– 150	
Desinvestitionen	10	0		0	
Finanzierungslücke	– 70	– 90		– 100	
Aussenfinanzierungen	30	10		20	
Definanzierungen	0	– 10		0	
Veränderung der flüssigen Mittel	– 40	– 90		– 80	

7.30

Zwei Ingenieurinnen planen die Gründung eines kleinen Fabrikationsbetriebs auf Anfang April 20_1. Die Anlagen sowie die Gründungskosten sollen mit Eigenkapital finanziert werden, der Umsatz sowie der minimale Kassenbestand mit einem Bank-Kontokorrentkredit.

Aufgaben

a) Erstellen Sie mithilfe der Lösungsblätter auf den zwei folgenden Seiten die Plan-Erfolgsrechnung, den Finanzplan sowie die Plan-Schlussbilanz.

b) Wie hoch sollte die maximale Kreditlimite festgesetzt werden?

c) Wann wird der Kontokorrentkredit voraussichtlich abbezahlt sein (Monat und Jahr nennen)?

Geplante Zahlen

▷ Die im April zur Zahlung fälligen Gründungskosten werden auf 20 geschätzt. Sie werden aktiviert und in den ersten 20 Monaten linear abgeschrieben.

▷ Die Büroeinrichtungen von 60 werden im April gekauft und bezahlt. Die Produktionsanlagen von 120 können als Occasionen von einem anderen Betrieb im April gegen bar übernommen werden. Sie werden im Verlaufe des Aprils installiert. Sämtliches materielles Anlagevermögen wird mit Beginn im April 20_1 linear um 20% pro vollem Jahr abgeschrieben.

▷ Produktionsbeginn ist Anfang Mai. Die monatliche Produktionshöhe entspricht einem geschätzten monatlichen Verkaufsumsatz von 100 (zu Verkaufspreisen). Die durchschnittliche Debitorenfrist beträgt 45 Tage.

▷ Für das erste Jahr wird mit folgendem Kalkulationsschema gerechnet:

Einzelmaterial	20%
Einzellöhne	30%
Variable Material- und Fertigungsgemeinkosten	10%
Variable Herstellkosten	60%
Deckungsbeitrag	40%
Verkaufsumsatz	100%

▷ Das jeweils für eine Monatsproduktion aufs Mal eingekaufte Material liegt 10 Tage am Lager, bevor es in die Produktion geht. Die Produktionszeit beträgt 20 Tage.① Die Fertigprodukte liegen vor dem Verkauf durchschnittlich etwa 10 Tage am Lager. Die Kreditorenfrist beträgt 30 Tage.

▷ Die Einzellöhne sowie die variablen Gemeinkosten werden jeweils im laufenden Monat bezahlt. An festen Gehältern werden ab 1. April im Monat voraussichtlich 10 zur Zahlung fällig; vorläufig wird auf einen 13. Monatslohn verzichtet.

▷ Für weitere Fixkosten wie beispielsweise die Mietzinse ist ab 1. April mit monatlichen Ausgaben von 10 zu rechnen. In den 10 sind (vereinfachend) die voraussichtlichen Kontokorrentzinsen bereits eingeschlossen.

▷ Für jeden Monat mit Verkaufsumsatz soll bis auf weiteres eine Garantierückstellung von 1 gebildet werden.

① Es wird gleichmässig produziert, das heisst, ein Dreissigstel einer Monatsproduktion wird am 1. des Monats angefangen. Diese Fabrikate werden am 21. des Monats fertig. Die am 2. des Monats begonnenen Produkte werden am 22. des Monats fertig usw. Jeder Monat ist (vereinfachend) mit 30 Tagen zu rechnen.

- ▷ Die Bewertung des Fertigfabrikatebestandes erfolgt zu variablen Herstellkosten. Bei der Bewertung des Halbfabrikatebestandes (Fabrikate in Arbeit) wird der Einzelmaterialverbrauch ganz berücksichtigt und die übrigen variablen Herstellkosten zur Hälfte. Beträge auf ganze Kurzzahlen runden.
- ▷ Der Gewinn wird vollständig zur Selbstfinanzierung verwendet.
- ▷ Aus Sicherheitsgründen soll eine Minimalliquidität (Kasse) von 10 gehalten werden.

Der Umsatzprozess kann schematisch und ohne Bezug auf die Grössenverhältnisse in dieser Aufgabe wie folgt dargestellt werden:

Der Cash Cycle im Produktionsbetrieb

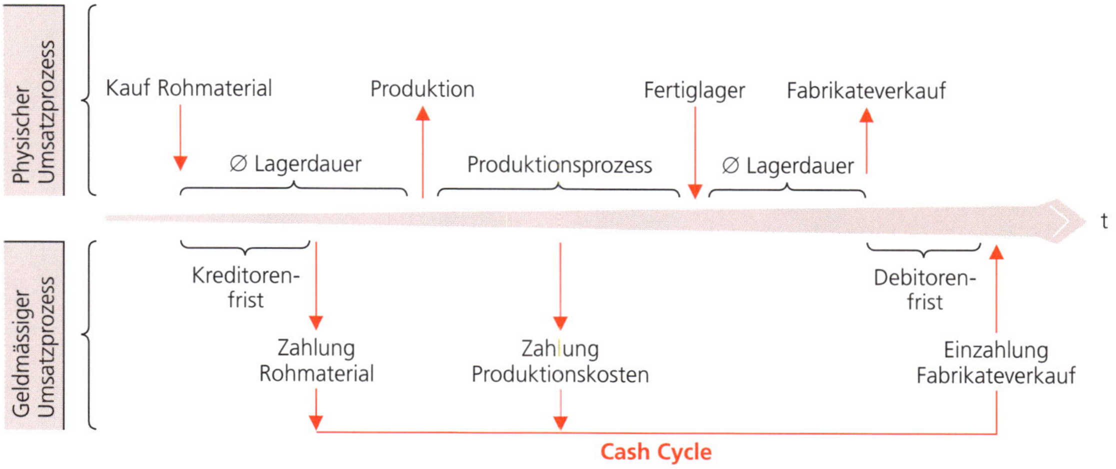

Plan-Erfolgsrechnung April bis Dezember 20_1

	April	Mai	Juni	Juli	August	Sept.	Oktober	Nov.	Dez.
Verkaufserlös									
+ Zunahme Halbfabrikate-Bestand									
+ Zunahme Fertigfabrikate-Bestand									
./. Einzelmaterialverbrauch									
./. Übrige variable Herstellkosten									
./. Übrige Fixkosten									
./. Garantierückstellungen									
./. Abschreibung Mobilien/Maschinen									
./. Abschreibung Gründungskosten									
Erfolg									

Finanzplan April bis Dezember 20_1

	April	Mai	Juni	Juli	August	Sept.	Oktober	Nov.	Dez.
Kundenzahlungen									
./. Einzelmaterial-zahlung									
./. Zahlung übrige variable Herstellkosten									
./. Zahlung Fixkosten									
= **Cashflow**									
./. Kauf Mobilien/ Maschinen									
./. Gründungskosten									
= **Kapitalbedarf/ -überschuss**									
+ Aktienkapital									
= **Veränderung flüssige Mittel**									
Endbestand Bank-Kontokorrent									

Plan-Schlussbilanz nach Gewinnverteilung per 31. 12. 20_1

Aktiven		Passiven	
Kasse		Bank-Kontokorrent	
Debitoren		Kreditoren	
Materialvorräte		Rückstellungen	
Halbfabrikatebestand			
Fertigfabrikatebestand			
Mobilien/Maschinen		Aktienkapital	
Gründungskosten		Reserven	

Anhang 1 Literaturhinweise

Grundlagen des Rechnungswesens

Leimgruber, Jürg/ Prochinig, Urs	Das Rechnungswesen Band 1 bis 3 (mit separaten Lösungsbänden)	Verlag SKV, Zürich
Leimgruber, Jürg/ Prochinig, Urs	Das Rechnungswesen der Unternehmung	Verlag SKV, Zürich
Meyer, Conrad	Betriebswirtschaftliches Rechnungswesen	Schulthess, Zürich

Weiterführende Literatur

Boemle, Max	Der Jahresabschluss	Verlag SKV, Zürich
Boemle, Max	Praxis der Jahresabschlussanalyse	Verlag SKV, Zürich
Boemle, Max/Stolz, Carsten	Unternehmungsfinanzierung	Verlag SKV, Zürich
Dangerfield, Alan/ Lampert, Bernhard	IFRS – Der Überblick	Verlag SKV, Zürich
Fickert, Reiner	Die Flussbilanz, in: Der Schweizer Treuhänder Nr. 9/1984, S. 300–307	Treuhand-Kammer, Zürich
Hail, Luzi/Meyer, Conrad	Abschlussanalyse und Unternehmensbewertung	Verlag SKV, Zürich
Leimgruber, Jürg/ Prochinig, Urs	Bilanz- und Erfolgsanalyse	Verlag SKV, Zürich
Leimgruber, Jürg/ Prochinig, Urs	Investitionsrechnung	Verlag SKV, Zürich
Prochinig, Urs/ Winiger, Andreas/ Bertschinger, Peter	Konzernrechnung	Verlag SKV, Zürich
Volkart, Rudolf	Corporate Finance	Verlag Versus, Zürich
Volkart, Rudolf	Unternehmungsbewertung und Akquisitionen	Verlag Versus, Zürich

Anhang 2 Stichwortverzeichnis

Die Auswahl an Stichwörtern beschränkt sich auf das Wesentliche. In der Regel werden sie nur einmal erwähnt; meist finden sich im Anschluss an diese Stelle noch weitere Informationen. Auf Hinweise wie f. oder ff. wurde verzichtet.

Vom selben Autor sind folgende Lehrbücher zur Vorbereitung auf höhere Prüfungen im Verlag SKV erschienen:

Leimgruber, Jürg/Prochinig, Urs:
Bilanz- und Erfolgsanalyse

Leimgruber, Jürg/Prochinig, Urs:
Investitionsrechnung

Prochinig, Urs/Winiger, Andreas/Bertschinger, Peter:
Konzernrechnung